DIE GESCHICHTE DES SEGELFLUGES

60 JAHRE WASSERKUPPE

GEORG BRÜTTING

Die Geschichte des Segelfluges

MOTORBUCH VERLAG STUTTGART

Einband und Schutzumschlag: Siegfried Horn,
unter Verwendung eines Farbfotos von Franz Thorbecke.

Fotos und Zeichnungen im Innenteil:
Archiv Brütting: Seite 17 o., 28, 35, 36, 69, 70, 71, 72, 89, 91, 129 o., 184 o.
Foto Brütting: Seite 92, 109, 110, 111, 130, 147 o., 165 o., 166, 183.
Gräwe, Hans: Seite 147 u., 148.
Schaller, Hans: Seite 17 u.
Stöcker, Berlin: Seite 90 u.
Schieferstein, Karl: Seite 112.
Thorbecke, Franz: Seite 129 u.

Zeichnungen:
Archiv Brütting: Seite 135, 141.
Flugsport: Seite 47.
Handbuch des Segelfliegens: Seite 29, 52, 103, 105, 106, 107.
Dr. Küttner: Seite 175.
Padok: Seite 132.
Udet, Ernst: Seite 124.

ISBN 3 – 87943 – 208 – 2

1. Auflage 1972.

Satz und Druck: Studiodruck, Raidwangen.
Buchbinderische Verarbeitung: Verlagsbuchbinderei Karl Schübelin, Brucken/Teck.
Printed in Germany.

INHALTSVERZEICHNIS

Anhang

Die ersten Gleit- und Segelflugzeuge

Die ersten großen Impulse erlebte die Idee des Gleit- und Segelfluges durch die „ILA“ 1909 in Frankfurt, auf der auch der 1972 fast 90jährige Bruno Poelke seine ersten erfolgreichen Gleitflüge durchführte. In Frankfurt entstand damals auf Initiative von Oskar Ursinus der Frankfurter Flugtechnische Verein, im benachbarten Darmstadt die Flugsportvereinigung. In ihr fanden sich Gymnasiasten und Erstsemester der Technischen Hochschule zusammen. Die junge Vereinigung begann bereits 1910 mit ihren ersten Versuchen. Schon in diesem Jahr wurden nicht weniger als 14 Typen von Hängegleitflugzeugen, Eindecker sowie Doppeldecker, erbaut und in der Umgebung von Darmstadt systematisch erprobt. Einige für die damalige Zeit bedeutende Erfolge erzielten sie mit dem Doppeldecker FSV 2 (7 m Spannweite, 30 qm Fläche, 25 kg Leergewicht). Als Baustoff des Gerippes der Flugzeuge diente ausschließlich Bambusrohr, wobei sich die elastische Widerstandskraft und die leichte Auswechselbarkeit bei Brüchen bewährte. Der Prinzenberg bei Darmstadt ermöglichte nur kurze Sprünge. Die Rhön, von Schulausflügen bekannt, versprach mit ihren flachen Hängen und dem frischen, gleichmäßigen Wind größere Erfolge. In den Sommermonaten 1911 wurde zur Ferienzeit zum ersten Male einer der Gleiter nach Gersfeld verladen und auf der Wasserkuppe geflogen. Es war ein „etwas ungefüger Doppeldecker mit Führersitz, Klappenverwindung und vorn liegendem Höhensteuer“, wie Gustav Lachmann, einer der Pioniere von damals, schreibt. Die größte Flugleistung gelang Karl Pfannmüller mit 450 m Flugstrecke auf halber Höhe des Westhanges.

Das erfolgreichste Gleitflugzeug des Jahres 1912 war ein Rumpfdoppeldecker mit einer Spannweite von 10 m, einer Länge von 8 m und einem Gewicht von etwa 60 kg. Die Flügeltiefe betrug 1,5 m, der Tragflächenabstand ebenfalls 1,5 m und die Flügelfläche 26 qm. Als Baustoff wurde wiederum Bambus benützt, für die Verbindungen dienten Stahlrohrmuffen. Der Bezug der Flächen bestand aus Leinen, das mit dünnem Stärkekleister geglättet und gedichtet war. Bemerkenswert war die hochelastische Hinterkante des Profils. Sämtliche Steuerflossen waren nicht in Scharnieren angelenkt, sondern elastisch ausbiegbar. Die Darmstädter nannten die Konstruktion „Darmstadt FSV 8". Mit ihr kamen sie zur Ferienzeit 1912 wieder zur Wasserkuppe. In der Gruppe waren Berthold Fischer, Hans Gutermuth, Ernst und Eugen von Loeßl, Kurt Milkau, Werner Landmann, Gustav Lachmann, Willy Nerger und Karl Pfannmüller. Ihnen kommt das Verdienst zu, die Wasserkuppe als hervorragend geeignetes Gelände für den Gleit- und Segelflug entdeckt zu haben. Das ist auch nie vergessen worden. Schon während des späteren 1. Rhön-Segelflug-Wettbewerbes wurde ihnen, von denen die meisten im Ersten Weltkrieg als Flieger gefallen sind, am 29. August 1920 unter großer Anteilnahme auf der Wasserkuppe ein Gedenkstein aus Basaltprismen gewidmet. Fritz Kolb aus Darmstadt sprach bei der Einweihung im Namen der Darmstädter Flugsportvereinigung und gab einen Überblick über das Schaffen und Wirken seiner gefallenen Kameraden. Dr. Hoff, Leiter der Deutschen Versuchsanstalt für Luftfahrt in Berlin, würdigte die Verdienste und die vorbildlichen Arbeiten der Rhönflieger von 1911 bis 1913. Geheimrat Gutermuth dankte im Namen der Angehörigen. 1912 diente den jungen Darmstädtern ein Zelt als Unterkunft und schon damals die in Holz gefaßte Fuldaquelle als „Waschraum". Die Flugleistungen verdienen in der Geschichte des motorlosen Fluges eine besondere Würdigung, hatten doch die jungen Primaner nur selbsterworbene Erfahrung im Bau von Gleitflugzeugen und in der Kunst, sie zu fliegen. Wenn man Bilder dieser „Apparate" sieht, weiß man, daß die fliegerische Beherrschung sicherlich nicht einfach war und das oft in 20 bis 50 m Höhe und bei Windstärken von mehr als 10 m/Sek. Höhepunkt war der Flug von Hans Gutermuth, der an einem Augusttag bei einer Windstärke von 3,5 m/Sek. am Westhang im Gleitflug 838 m in 112 Sekunden zurücklegte. Damit war die Höchstleistung der Gebrüder Wright aus den Vereinigten Staaten von 622 m erheblich überboten – wenn wir wollen, in der Geschichte des motorlosen Fluges der erste Strecken- und der erste Dauerrekord erreicht. Berthold Büg schrieb 1936 in der Festschrift „Hundert Jahre Technische Hochschule Darmstadt" über jene jungen Studenten der Jahre 1911 bis 1913: „Wenn sie sich auch nicht klar darüber waren, daß gerade der motorlose Flug später eine solch große wissenschaftliche und sportliche Rolle spielen würde, so gereicht es ihnen doch zur hohen Ehre, daß es nicht allein Sportbegeisterung war, die zu diesen praktischen Versuchen führte, sondern ein reger Forschergeist, der gewillt war, die Erkenntnisse in der Flugtechnik zu erweitern."

Als die Dresdner 1920 das Präsidium im Verband Deutscher Modell- und Gleitflugvereine übernommen hatten und den Aufruf für den 1. Gleit- und Segelflugwettbewerb erließen, gedachten sie ihrer Darmstädter Kameraden von 1912 und wählten auf Grund deren Erfahrungen die Wasserkuppe als Gelände für diesen Wettbewerb. Diesen „Weg zur Rhön" und damit den Anfang einer sportlichen und wissenschaftlichen Weltbewegung schildert Erich Meyer, der mit Wolfgang Klemperer als Vertreter des Flugtechnischen Vereins Dresden den Aufruf erlassen hatte. Erich Meyer diente im Ersten Weltkrieg als Jagdflieger, gehörte zu den Pionieren des Segelfluges, war erfolgreicher Motorsportflieger und kehrte als Hauptmann im November 1941 von einem Feindflug über Leningrad nicht mehr zurück. Erich Meyer schrieb in seinen Erinnerungen:

Der Weg zur Rhön

„Vor dem Ersten Weltkrieg hieß unsere Sehnsucht Flugzeuge bauen und fliegen. Begnügen mußten wir uns damals allerdings damit, Flugzeugmodelle zu bauen und fliegen zu lassen. Das taten wir mit leidenschaftlicher Begeisterung. Schule und Elternhaus waren nicht unerheblich dagegen. Diese Widerstände erfüllten uns mit um so größerer Liebe zur Sache. In Dresden teilten sich damals in die Erfolge im Modellflugsport besonders Hartmuth Baldamus und Wolfgang Klemperer, die an der Technischen Hochschule Dresden studierten, Curt Heise, Horst Muttray, Rudolf Windisch und ich, die wir noch der Schulbank die Ehre erwiesen.

Ein Hängegleiter, etwas heimlich mit 16 Jahren in Schulferien auf einem Bauernhof im Erzgebirge gebaut — angewiesen war ich auf Latten und Leisten, Leim, Pergament und Hanf — brachte mir zwar die ersten Gleitflüge, auch einmal eine Landung in einem kleinen smaragdgrünen Teich, konnte aber auch noch nicht viel mehr sein als ein Zeichen des brennenden Wunsches, Flugzeuge zu bauen und selbst zu fliegen.

Der Weltkrieg ließ die Sehnsucht nach dem Fliegen in Erfüllung gehen. Wir lernten fliegen — und flogen als Soldaten. Bis November 1918 — — —

Ohne Zwischenstation ging es nach Kriegsende in die Hörsäle der Technischen Hochschule Dresden. Obzwar die vier Jahrgänge dezimiert waren, die dort plötzlich anstürmten, reichten die Hörsäle bei weitem nicht aus, alle zu fassen. Podium, Fensterbänke, Tische usw. mußten als Sitzgelegenheiten herhalten. Vorlesungen bei offenen Türen waren alltäglich, weil wir bis in die Türöffnungen standen und lauschten.

Der Gegensatz zwischen dem Leben und Handeln als Jagdflieger im Krieg und dem Hören und Lernen als Student in der Hochschule – kaum zwei Wochen lagen dazwischen – war einzigartig. In der Uniform, die man noch trug, saß noch der Staub von Flandern und Verdun.

Die Sehnsucht nach dem liebgewonnenen Fliegen regte sich bald wieder. Der Unterschied zwischen gestern und heute steigerte sie. Aber die Gelegenheiten, wieder einmal fliegen zu können, waren sehr dünn gesät – meistens auch nur illegaler Art.

Das Aufbäumen gegen die Demütigung, daß wir in Deutschland der stolzen Freiheit des Fliegens beraubt sein sollten, steigerte unsere Sehnsucht zum entschlossenen Willen, wieder zu fliegen. Der Motorflug blieb uns vorerst verschlossen. Der früher leidenschaftlich betriebene Modellflugsport konnte uns keinen Ersatz mehr dafür bieten.

In dieser Lage lockte, teils als Ersatz für den Motorflug, teils als fliegerisches Neuland, von neuem der motorlose Flug. Als Gleitflug, nach den Vorbildern aus der Vorgeschichte des Motorfluges, barg er an sich keine Probleme. Um so mehr aber tat er das als Segelflug nach dem Vorbild der mühelos segelnden Vögel.

Der Dresdner Modellflug-Verein der Vorkriegszeit hatte sich 1917 in den Flugtechnischen Verein Dresden verwandelt. Dort war es im Augenblick um die tatsächliche Arbeit und um den Nachwuchs sehr schwach bestellt.

Kohlenmangel brachte unvorhergesehene Hochschulferien. Diese Atempause benutzte ich, in einem ausführlichen Aufsatz „Wie kann man das Gleit- und Segelflugwesen betreiben?" Gedanken hierzu niederzuschreiben und Anregungen dazu zu geben.

Diesen Aufsatz sandte ich der Zeitschrift „Flugsport". Dort konnte ich am ehesten mit seiner Veröffentlichung rechnen. Denn Oskar Ursinus, der Herausgeber dieser Zeitschrift, hatte immer die Auffassung vertreten, die Fachpresse habe vor allem auch der Erschließung von Neuland zu dienen. Außerdem hatte ich dort am meisten Aussicht, zu Gleichgesinnten zu sprechen, Verständnis zu finden und Nachwuchskräfte zu interessieren. Denn der „Flugsport" war das Organ der alten Modellflugvereine.

Der Aufsatz ist in sechs Fortsetzungen in der Zeit vom 15. Februar bis 16. April 1919 im „Flugsport" erschienen. Seinen Zweck faßte ich in folgenden Worten zusammen:

„... Der Zweck dieser Ausführungen soll sein, all denen allgemeine Richtlinien zu geben, die sich im Gleitflugwesen beteiligen möchten, und dazu beitragen, ihnen unnötige Mühe zu ersparen und sie vor vermeidbaren Mißerfolgen nach Möglichkeit zu schützen..."

Über die Bedeutung der Wiederaufnahme des Baues und der Erprobung von Gleiflugzeugen für das deutsche Flugwesen in seiner Lage von damals sagte ich:

„... So kann das Gleitflugwesen jetzt noch einmal von neuem eine einst historische Bedeutung für die Entwicklung unseres Flugwesens gewinnen, insbesondere weil es die Leute zu stellen vermag, die unserem Flugwesen dringend not tun, um sich für die nächste Zeit neu zu entwickeln..."

Ausklingen ließ ich die Arbeit mit folgendem Hinweis auf die Rolle der Gleitfliegerei als Sprungbrett für den Segelflug:

„... Außerdem ist die systematische Ausübung des Gleitfluges das Sprungbrett zu dem alten Ziele des Menschen, die Naturkräfte wirklich zu meistern und durch Ausnutzung der Energie des Windes bis zum persönlichen motorlosen Flug, dem Segelflug, neben dem Kraftmaschinenflug zu gelangen..."

Zur Frage, wo sich in Deutschland geeignetes Gelände zum Gleit -und Segelfliegen befindet, schrieb ich:

„... In Deutschland findet sich sehr günstiges Gelände für das Gleitfliegen in dieser Art in der Rhön mit ihren verschiedenen Kuppen, besonders die Wasserkuppe, sowie im Taunus, die beide zahlreiche waldfreie, lange und günstig abfallende Hänge aufweisen..."

Der erste große Stein war ins Wasser geworfen. Er tat seine Schuldigkeit und zog seine Ringe. Fast in jeder Nummer des „Flugsport" von 1919 meldete sich bald der eine, bald der andere zum Thema Gleit- und Segelflug zu Wort.

Die geistige Mobilmachung für den Gleit- und Segelflug war gelungen. Sie ist planmäßig nur im „Flugsport" erfolgt. Die übrige deutsche Fachpresse wollte zu jener Zeit nicht viel davon wissen.

Zu einer tatsächlichen Aufnahme des Bauens und Erprobens von Gleit- und Segelflugzeugen ist es 1919 noch nicht gekommen. Aber Lust dazu war an vielen Orten geweckt.

Im Verband Deutscher Modell- und Gleitflugvereine bestand die Sitte, daß das Präsidium alljährlich dem jeweils leistungsfähigsten Verein übertragen wurde, damit immer die besten Kräfte die Führung hatten.

Für das Jahr 1920 wurde der Flugtechnische Verein Dresden vom Stuttgarter Modell- und Gleitflugverein um die Übernahme des Präsidiums gebeten. In Stuttgart hatten – ebenfalls alsbald nach dem Waffenstillstand – zwei junge Flugbegeisterte neues Leben in ihrem alten Modellflugverein geweckt und sich für ähnliche Gedanken eingesetzt: Wolf Hirth, der die letzten Monate des Krieges als Monteurschüler, und Paul Brenner, der im Krieg als Fluglehrer bei einer Flieger-Ersatzabteilung gewesen war. Beide kamen ebenfalls aus dem Modellflugsport der Vorkriegszeit.

Nachdem wir in Dresden das Präsidium im Verband Deutscher Modell- und Gleitflugvereine für 1920 angenommen hatten, galt es, ein Arbeitsprogramm für dieses Jahr aufzustellen. Zur Wahl hatten wir erstens: örtliche Modellflugwettbewerbe, zweitens: einen großen deutschen Modellflugwettbewerb, drittens: den Bau und die Erprobung von Gleit- und Segelflugzeugen in den Vereinen unter gleichzeitiger Vorbereitung eines Gleit- und Segelflugwettbewerbes für 1921, viertens: die Veranstaltung eines Gleit- und Segelflugwettbewerbes bereits 1920.

Für die örtlichen Modellflugwettbewerbe war die Zeit ohne weiteres wieder reif, ebenso auch für einen großen deutschen Modellflugwettbewerb. Für den Bau und die Erprobung von Gleit- und Segelflugzeugen in den örtlichen Vereinen galt dasselbe. Insbesondere brauchte dabei das Entwerfen, Konstruieren und Bauen der Flugzeuge nicht übermäßig beschleunigt werden. Für die Vorbereitung eines Gleit- und Segelflugwettbewerbes für 1920, für den die Zeit der Hochschulferien in Betracht kam, war die zur Verfügung stehende Zeit bereits zu knapp. Noch knapper aber war die Zeit, die den Vereinen und übrigen Wettbewerbern für das Entwerfen, Konstruieren und Bauen ihrer Flugzeuge bis zu einem Wettbewerb im Sommer 1920 blieb.
Ob wir eine solche Veranstaltung und die Vorarbeiten dafür finanzieren konnten, das machte uns am meisten Sorge. In den Vereinskassen von damals war die Ebbe Normalzustand. Der Verantwortung gegenüber unseren Vereinsmitgliedern waren wir uns bewußt.
In dieser Lage sprang Ursinus ein, der unsere Bedenken kannte und sich temperamentvoll bemühte, sie zu zerstreuen. Ursinus erklärte sich bereit, die Leitung eines solchen Wettbewerbs zu übernehmen und seine Finanzierung durch die gemeinsame Sammlung von Spenden sicherzustellen. Nach dieser Entlastung glaubten wir, das Risiko eingehen zu können, das es auch jetzt noch bedeutete, schon für 1920 zu einem Gleit- und Segelflugwettbewerb aufzurufen.
Nachdem wir uns so entschieden hatten, galt es, so schnell als möglich mit dem Aufruf zu einem Gleit- und Segelflugwettbewerb herauszukommen. Die Wahl des Zeitpunktes für eine solche Veranstaltung ergab sich von selbst aus der Lage der Hochschulferien. Die Wahl des Geländes war schnell zu Gunsten der Wasserkuppe in der Rhön entschieden, die schon eine Tradition in der Gleitfliegerei hatte. Denn dort hatten schon 1911, 1912 und 1913 Darmstädter Gymnasiasten und Studenten erfolgreich Gleitflugsport betrieben, von denen Berthold Fischer

Hans Gutermuth, Ernst von Loeßl, Kurt Milkau, Willy Nerger und Karl Pfannmüller, die im Weltkrieg gefallen sind, sowie Eugen von Loeßl genannt seien. Diesen Darmstädtern gebührt das Verdienst um die Entdeckung der Wasserkuppe als hervorragend geeignetes Gelände für den Gleit- und Segelflug. Schleunigst wurde der Aufruf von Wolfgang Klemperer und mir geschrieben. Meistens mußten die Nachtstunden hierfür herhalten. Dieser Aufruf ist am 24. März 1920 im „Flugsport“ erschienen. Ursinus hat dazu ein gleichermaßen begeisterndes Vorwort geschrieben, das wie folgt zu unserem Aufruf selbst überleitete:

„... Der Verband Deutscher Modell- und Gleitflugvereine, präsidiert im Jahre 1920 durch den Flugtechnischen Verein Dresden, hat die Führung übernommen und richtet folgenden Ruf an alle Gleit- und Segelflug-Interessenten...“

Aus dem Aufruf selbst greife ich nur einige Sätze heraus:

„... Wir müssen heute mit einem gegen damals um ein vielfach vermehrtes wissenschaftliches Rüstzeug an die Fortsetzung des unterbrochenen persönlichen Studiums der Luft im Gleit- und Segelflug gehen...“

„... Die Kosten eines rationell organisierten Gleitflugsportbetriebes sollen denen, die sich wirklich mit Begeisterung dieser Sache hingeben wollen und sich dafür interessieren, was die einzige Gewähr für den Erfolg birgt, teilweise abgenommen werden...“

„... Während dieser Zeit soll auf der Wasserkuppe, unweit Gersfeld bei Fulda, ein Zeltlager errichtet und ein Lagerleben geführt werden, bei dem sich die Beteiligten ganz dem Gleitflugsport widmen können. Die Gleitflugzeuge würden an Ort und Stelle untergebracht werden und die Teilnehmer ebendaselbst wohnen. Das Essen würde aus der nächsten Ortschaft (Gersfeld) gemeinsam geholt werden...“

Den Aufstieg von Gersfeld auf die Wasserkuppe kannten wir noch nicht, als wir den Aufruf schrieben!

Das Fliegerlager im 1. Rhönwettbewerb 1920 auf dem Südhang der Wasserkuppe bestand aus drei ehemaligen Militärzelten und einer notdürftig zusammengezimmerten Baracke.

20 Jahre später befanden sich auf der Wasserkuppe ein riesiges Fliegerlager mit großzügig ausgebauten Schul- und Wettbewerbsgebäuden, mit Unterkünften, mit modernen, freitragenden Flugzeughallen und einem asphaltierten Straßennetz.

Eugen Ritter Edler von Loeßl, schon Teilnehmer an den Gleitflügen der Darmstädter Studenten in der Rhön von 1912 und 1913 und Frontflieger des Ersten Weltkrieges, galt im 1. Rhön-Segelflugwettbewerb als der allseits anerkannte Fachmann. Am 9. August 1920 startete er am Westhang mit seinem Doppeldecker (siehe Bild) zu einem Flug ins Tal. Nach 80 Sekunden und einer Entfernung von 770 m stürzte er durch Bruch des Leitwerks ab – das erste Opfer in der Geschichte des Rhönfluges, am 24. Todestag von Otto Lilienthal.

„Mit einem Schneid, der in seiner Art einzig geblieben ist" – so hieß es im Wettbewerbsbericht 1920, flog Willy Pelzner aus Nürnberg 148 m, 343 m und schließlich 452 m in 52,2 Sekunden. Leistungen, die im Hängegleiter nie wieder erreicht wurden. Noch heute trägt dieser Hang auf der Wasserkuppe den Namen Pelzners.

„... Es ist zu hoffen, daß sich durch die Form des Zusammenseins und Aufeinanderangewiesenseins die Teilnehmer kennen und schätzen lernen, was später bedeutsame Bekanntschaft und Arbeitsgemeinschaft hinterläßt. Es unterliegt keinem Zweifel, daß sich zwischen den Teilnehmern bald ein freundschaftliches Verhältnis ausbildet, das durch die gemeinsamen Interessen und Erfahrungen, durch Austausch von Erinnerungen und Erlebnissen gefestigt wird...“

„... Endlich aber soll vor allem auch jüngeren Flugbegeisterten, die noch nicht Gelegenheit hatten, praktische Erfahrungen zu sammeln, aber um so mehr mit dem Bau von Modellen ihr Interesse an der Sache bekundet haben, die Möglichkeit geboten werden, zu den Gleitflügen zugelassen zu werden...“

„... Beim Gleitfliegen geht es natürlich auch nicht ohne Bruch und Reparaturen ab. Darum muß eine Werkstatt vorhanden sein, wo die nötigen Reparaturen ausgeführt werden können. Es muß aber auch die Möglichkeit bestehen, neue Gedanken durch Umbau oder Änderungen rasch in die Tat umzusetzen, Hilfsmittel wie Transportwagen zu improvisieren und dergleichen Aufgaben mehr, die während des Betriebes entstehen. Zu diesem Zweck sollen in Gersfeld mit den in Frage kommenden Handwerkern die erforderlichen Abkommen getroffen und die Leute in der Weise entschädigt werden, daß sie den Teilnehmern die Anfertigung der angedeuteten Arbeiten in ihren Werkstätten ermöglichen...“

Die Entschädigung für die Handwerker sollte also darin bestehen, daß sie uns ihre Werkstätten überlassen durften. Kein Druckfehler!

„... Alle Vereine, soweit es in ihrem Bereich steht, und die vom Verband beauftragte Leitung des Unternehmens, Ziv.-Ing. Oskar Ursinus, Frankfurt am Main, Bahnhofsplatz 8, bemühen sich, das erforderliche Bau-, Reparatur- und Betriebsmaterial aufzutreiben, als da sind: Zelte und Zubehör, Hölzer, Furniere, Holme, Stoff, Schrauben und Bolzen, Verspannungsmaterial, Werkzeuge, Feldtelefon, Fotomaterial usw...“

Der Aufruf löste bei denen, für die er bestimmt war, große Begeisterung aus. Soweit er uns auch väterlich-wohlwollende Ratschläge einbrachte, doch etwas vorsichtiger zu sein, wenn wir unseren Namen für neue Ideen aufs Spiel setzten, vermochte uns das nur in dem Willen zu bestärken, die Bedeutung unserer Vorschläge durch den Erfolg zu beweisen.

Jetzt galt es, die erforderlichen weiteren Vorbereitungen rechtzeitig zu treffen und dafür zu sorgen, daß alles richtig ineinandergriff. Bereits am 28. April brachten wir eine weitere ausführliche Veröffentlichung mit dem Thema „Grundzüge für einen Gleit- und Segelflugwettbewerb in der Rhön". Aus dieser Mitteilung führe ich der Kürze halber nur einen interessanten Absatz an:

„Die ganze Art der bisher einzigartigen Veranstaltung bedingt eine weitherzige Auffassung der Aufgabe und elastische Anpassung der Durchführung und der Bewertung an die aus der tatsächlichen Beteiligung erwachsenden Verhältnisse. Sie fordert aber auch von den Teilnehmern kameradschaftlich-sportliches Zusammenarbeiten und die Hintansetzung kleinlicher Meinungsverschiedenheiten in den wesentlichen Dingen."

Am 16. Mai fand in Gersfeld im Rahmen einer Hauptversammlung des Verbandes Deutscher Modell- und Gleitflugvereine auch eine Geländebesichtigung und Vorbesprechung für den Wettbewerb statt. Hierbei wurden insbesondere die Ausschreibung und die Durchführungsbestimmungen besprochen. Am 23. Mai — zu Pfingsten — fand die letzte gemeinsame Besprechung vor dem Wettbewerb statt, verbunden mit der entscheidenden letzten Geländebesichtigung. Die Namen derjenigen, die an diesem in der Geschichte der Segelflugbewegung oft erwähnten Pfingstausflug von 1920 auf die Wasserkuppe teilgenommen haben, sind: Fritz Franke — Magdeburg, Professor Wilhelm Hoff — Berlin, Wolfgang Klemperer — Dresden, Hugo Kromer — Frankenhausen, Professor Linke — Frankfurt, Eugen von Loeßl — Stuttgart, Erich Meyer — Dresden, Paul Schlak —

Berlin, Oskar Ursinus – Frankfurt, Rudolf Voss – Bremen. Professor Hoff nahm an dieser Tagung teil, um dem Staatssekretär August Euler im Reichsverkehrsministerium über unsere Absichten zu berichten. Uns blieb das damals freilich verborgen.

Am 26. Mai erschien die Ausschreibung, aus der ich nur den ersten Absatz wegen seiner geschichtlichen Bedeutung wiedergebe:

„Der Verband Deutscher Modell- und Gleitflugvereine, vertreten durch den präsidierenden Flugtechnischen Verein Dresden, schreibt einen Wettbewerb für Gleit- und Segelflüge aus, der am 15. Juli 1920 beginnen und bis zum 31. August ausgedehnt werden soll. Eine Verlängerung bis höchstens 30. September behält sich der Verband vor. Die Flüge finden in der Rhön in der Gegend der Wasserkuppe statt."

Unermüdlich waren weiterhin alle gemeinsam tätig, die sich bis dahin für die Sache zusammengefunden hatten.

Ursinus verstand es, vor allem dafür zu sorgen, daß rechtzeitig das Notwendigste für den Aufbau des Lagers vorhanden war. Von den Schwierigkeiten, die hiermit unter den Verhältnissen von damals verbunden waren, können sich diejenigen kaum eine Vorstellung machen, die jene Zeit nicht miterlebt haben.

Wir in Dresden hatten nicht minder alle Hände voll zu tun, um die mannigfache Arbeit zu bewältigen, die sich aus unserem Aufruf und dem Wettbewerb ergab und die lawinenartig zunahm. Hauptamtlich tätige Kräfte kannten wir damals noch nicht. Unermüdlich standen mir meine alten Freunde und Bekannten zur Seite, mit denen ich vor dem Krieg Modellflugsport getrieben hatte und die gleich nach dem Weltkrieg am Wiederaufbau des Flugtechnischen Vereins Dresden mitgewirkt hatten, Klemperer war Ende April nach Aachen gegangen.

Die Namen derer, die danach in Dresden noch aktiv blieben, sind: Curt Heise, Erich Meyer, Horst Muttray, Rudolf Spies.

Große Verdienste um die Sache haben sich in dieser Zeit auch zwei langjährige Dresdner Förderer unserer Bestrebungen erworben, die zwar nicht unmittelbar aktiv sein konnten, auf deren Beratung wir jüngeren Kräfte aber gern im Bewußtsein ihrer größeren Lebenserfahrung hörten: Professor Reinhold Besser und Walther B. A. Müller. Das unvermeidliche Segelflieger-Abzeichen trat in Erscheinung. Darüber heißt es in weiteren Bekanntmachungen über den Wettbewerb unter dem 9. Juni:

„Ein Segelflieger-Abzeichen soll anläßlich der Vorprüfung für die Zulassung zum Start verliehen werden. Die dem jetzigen Stand der Entwicklung des Gleit- und Segelfluges entsprechenden Prüfungsbedingungen sind verhältnismäßig leicht. Sie werden in den Ausführungsbestimmungen bekanntgegeben. Die Ausstellung des Segelflieger-Patentes erfolgt vom Verband Deutscher Modell- und Gleitflugvereine."

Kurz vor Beginn des Wettbewerbs gelang es uns noch, die Tagespresse in gewissem Umfang für unser Vorhaben zu interessieren. Ein Amt für Presse und Propaganda und Schreibmaschinen kannten wir damals allerdings noch nicht.

In den Durchführungsbestimmungen, die am 7. Juli erschienen, wurden folgende Zuständigkeiten für die Oberleitung und für die Sportleitung während der Veranstaltung festgelegt:

„Während der Veranstaltung überträgt der Verband Deutscher Modell- und Gleitflugvereine seine Befugnisse an die Oberleitung, soweit sie verwaltungstechnischer, an die Sportleitung, soweit sie sportlicher Natur sind."

Interessant ist noch, daß dieser Gleit- und Segelflugwettbewerb in der Rhön die einzige luftsportliche Veranstaltung war, die 1920 in Deutschland durchgeführt werden konnte.

Pünktlich am 15. Juli 1920 stand das erste Fliegerlager auf der Wasserkuppe. Im wesentlichen bestand es aus drei alten Flugzeugzelten, die gleichermaßen den Flugzeugen wie den Bewohnern des Lagers als Unterkunft dienten. Außerdem hatten wir noch zwei feste Bauten, auf die wir entsprechend stolz waren. Das waren Verschläge aus Latten und Sperrholz, durch Drähte und Pflöcke dagegen gesichert, daß sie der Wind mitnahm. Ehedem, gegen Ende des Weltkrieges, hatten diese Verschläge zur Verkleidung von großen Güterwagen gedient und deutsche Flugzeuge auf ihrem Weg nach der Türkei vor den Unbilden der Witterung schützen sollen. Jetzt dienten sie uns als Werkstatt und Küche.

Die Flugzeuge trafen allmählich ein: das eine noch ganz im Rohbau, das andere schon etwas weiter fortgeschritten. An allen gab es noch zu bauen.

Im Lager richtete sich allmählich alles so wohnlich ein als möglich. Jeder war uns willkommen, der guten Willens zu uns kam.

Als erfolgreichen Segelflieger kennen Peter Riedel heute wohl fast alle aus der Segelfliegerei. Als den Vierzehnjährigen aber, der im Juli 1920 eines Abends im „Hirschen" in Gersfeld bei uns auftauchte, wo sich die Geschäftsstelle des Wettbewerbs befand, und den wir dann, was seinen Willen zum Fliegen betraf, genauso ernst genommen haben wie jeden anderen von uns, kennen Peter Riedel heute wohl nur wenige.

Erinnerungen, die Riedel einmal über jene Zeit niedergeschrieben hat, zeigen nicht nur, aus welchem Geist die Segelflugbewegung entstanden ist, sondern sie geben auch einen Einblick in die etwas einfachen Verhältnisse, auf die wir im ersten Fliegerlager auf der Wasserkuppe angewiesen waren. Riedel schreibt über seine Ankunft bei uns in Gersfeld und seine Einführung in unser Fliegerlager von damals:

„. . . Und tatsächlich, Anfang oder Mitte Juli stand ich eines schönen Nachmittags, mit Werkzeugkoffer und einem Karton mit übrigem Notwendigsten bewaffnet, auf dem Bahnsteig des bis dahin unbekannten Städtchens Gersfeld. Im ‚Hirschen', dem Hauptquartier der Wettbewerbsleitung, wurde ich erst mißtrauisch, dann um so freudiger begrüßt. Erst dachten sie, ich sei zuhause durchgebrannt. Ich wollte am liebsten gleich noch auf die Wasserkuppe rauf, doch

dort waren Wolken und Nässe. Also morgen, Geduld bis dahin. Am nächsten Morgen ging es im Auto mit Oskar Ursinus-Frankfurt und Erich Meyer-Dresden zur Nadelkurve an der Fuldabrücke. Da blieb das Auto einsam zurück – und dann stapften wir, mit Koffer und Karton, in den grauen Nebel. Immer weiter aufwärts. Gespenstische Schatten entpuppten sich als Büsche, Bäume, in denen der Wind leise raschelte. Steinhaufen, glatt vor Nässe, werden erklettert, aber sonst teppichweiches Gras überall. Und Wasser, von oben, von unten, von allen Seiten – daher der Name! Zuletzt endlich ein riesiger grauer Schatten, Stimmen wie von fern her, wir stehen vor dem ersten Flugzeugzelt. Durch eine kleine Öffnung geht es hinein. Drin ist so klare Luft, daß man von einer Seite bis zur anderen sehen kann. Bei dem Nebel draußen erscheint's wie ein Wunder. Ein blau bespannter Doppeldecker auf Rädern steht im Mittelpunkt und repräsentiert die Flugzeuge. Sonst sieht es mehr nach Zigeunerlager aus. In den Winkeln unter den Ausläufern der Zeltbahn sind niedrige Hundehütten, eine ganze Reihe nebeneinander. Stroh darin, alte graue Decken, ein paar feldgraue Karbidlampen. Ein Holztisch, die Beine fest in die Erde gerammt. Er erscheint schon wie Luxus. Frierende Gestalten mit nassen Schuhen, Hände tief in den Taschen, nicht viele, vielleicht sieben, acht, neun: die Lagerbewohner . . ."

Eines Tages schrieb uns auch ein Tischlerlehrling aus Balzholz in Württemberg, er interessiere sich für unsere Sache und fragte an, ob wir ihn gebrauchen könnten. Curt Heise – Dresden, der damals den Papierkrieg meisterte, verkündete dem Absender unseren Bescheid, daß er uns willkommen sei. So kam Gottlob Espenlaub auf die Wasserkuppe, der sich hieran auch noch gern erinnert.

Die Flugzeuge wurden nach und nach fertig. Der Wettergott hatte auch ein Einsehen – nach einer langen, mit Geduld und Humor ertragenen Nebelperiode.

Bruno Poelke – Frankfurt, der einzige Vorkriegsflieger unter uns, war am 6. August der Mann, der als erster im Wettbewerb flog – drei Wochen nach dessen Beginn. Acht Sekunden war die festgestellte Flugdauer, bei 10 bis 12 m/sec Wind. Das benutzte Flugzeug, ein leichter zierlicher Doppeldecker, hatte vorher zu allerhand Bedenken Anlaß gegeben. Brachte es doch als Neuheit, die manchem zu kühn erschien, nur eine Kufe in der Mitte. Damit mußte das Flugzeug doch immer umkippen! Und dabei mußten die Flügelenden doch immer beschädigt werden! Bis Poelke dann flog – und die Flügelenden meistens ganz blieben.

So sind die Erfahrungen gesammelt worden, die heute Selbstverständlichkeiten im Segelflugzeugbau sind.

Ein anderes markantes Flugzeug aus dem ersten Wettbewerb in der Rhön war der Eindecker von Zeise – Altona. Senator Alfred Zeise, sein Sohn Arnold Zeise und Nesemann hatten ihn aus Sperrholz (spiralverleimte Rohrholme), Bambus und geölter Seide mit viel Mühe und Liebe zur saubersten Werkarbeit von damals gemacht. Gestartet wurde für die Vorversuche als Hängegleiter mit Unterstützung von zwei Mann, die das Flugzeug an kurzen Knebelleinen gegen den Wind führen halfen. Nach dem Freikommen sollte der Pilot mit den Beinen ein Paar kleine Zusatzflügel, die sich dicht hinter dem Hauptflügel befanden, als Schlagflügel zum Vortrieb betätigen. Für die eigentlichen Flüge war bereits der Start mittels eines Gummiseils geplant. Theo Suchla – Halle hat sich viel Mühe gegeben, mit diesem interessanten Stück über Sprünge hinauszukommen. – Im Spätherbst 1920 wurde Suchla als Polizeileutnant unweit Halle von Kommunisten erschlagen.

Die drei alten Berliner Modellflugsportler Willy Drude, Paul Schlak und Ernst Schalk (die Namen sind kein Schalk) hatten einen kleinen Doppeldecker auf die Wasserkuppe gebracht. Er war ein typisches Beispiel für den Selbstbau von Gleit- und Segelflugzeugen aus den Anfängen der Segelflugbewegung, durch eine kleine Gruppe in der Freizeit mit sehr bescheidenen Hilfsmitteln an Geld, Werkstatt und Werkzeug fertiggestellt, aber mit um so mehr Liebe zur Sache. Für diese Gruppe war als Maßstab für die Begeisterung, mit der gearbeitet wurde, auch kennzeichnend, daß keiner von diesen drei Jüngern des motorlosen Fluges fliegen konnte. Man wollte es gleich mit lernen.

Den Pelzner-Hang kennt heute jeder Segelflieger, der einmal auf der Wasserkupe geflogen ist. Willy Pelzner – Nürnberg kennen nur noch wenige. Mit einem Schneid, der in seiner Art einzig geblieben ist, flog Pelzner mit einem Hängegleiter – Bespannung aus Ölpapier, Gesamtgewicht 12,5 kg – Strecken von anfangs 100 Meter, später bis 400 und 500 Meter. Diese Leistung kann richtig nur einschätzen, wer selbst mit Hängegleitern mehr als Sprünge ausgeführt hat. Die Feststellung, daß die Baukosten dieses Flugzeuges 18,50 RM betragen hatten, besagt heute noch nicht viel. Denn die deutsche Währung stand schon damals im Zeichen der Inflation. Einen anschaulichen Maßstab für die Baukosten dieses Flugzeuges ergibt die Tatsache, daß der Preis in einer Pension in der Rhön damals täglich 20,– bis 25,– RM betrug. Mit diesem Flugzeug hat Pelzner damals Preise von zusammen rund 3000 RM gewonnen. Peter Ittner, Fritz Hübschmann und Fritz Wunderlich zählten zu seinen Getreuen.

Die vierte Wettbewerbswoche brach an. Eugen von Loeßl, einer von den Darmstädtern, die die Rhön schon vor dem Weltkrieg für den Gleitflug erschlossen hatten, hatte sein Flugzeug inzwischen fertiggestellt – unter unermüdlicher Mitarbeit von seiner jungen Frau und Karl Kammermeyer – Ulm. Es war ein außerordentlich leichter, fast zierlicher Rumpfdoppeldecker mit Flügelverwindung und Pendelrudern: im Selbstbau hergestellt, unter den Gleit- und Segelflugzeugen, die bis dahin auf der Wasserkuppe waren, die meisten praktischen Erfahrungen im Flugzeugbau verratend. Auf dem Rumpf des Flugzeuges hatte Eugen von Loeßl „Vergnügten Flügelbruch“ geschrieben. Am 8. August machte Eugen von Loeßl Probeflüge, darunter einen Flug von 400 Meter Länge und 50 Sekunden Dauer. Er berechtigte zu schönen Hoffnungen. Am 9. August startete Eugen von Loeßl am Westabhang der Wasserkuppe zu einem Flug ins Tal. So gering war im Anfang des Fluges der Höhenverlust, daß wir sahen: hier wirken sich Einflüsse aus, die uns einen Weg wiesen und denen wir nachspüren mußten. Da – als das Flugzeug etwa über der Waldkante war – nahmen Längsschwingungen immer mehr zu. Eugen von Loeßl tat alles, sie auszugleichen. Die Ruderausschläge wurden größer – bis sich plötzlich, von den meisten von uns in seiner Auswirkung sogleich erfaßt, die linke Hälfte des Höhenruders vom Flugzeug löste . . . Am 9. August 1920, am 24. Todestag von Otto Lilienthal, fiel Eugen von Loeßl als erster in der Geschichte der Segelflugbewegung. Eugen Edler von Loeßl trug seinen Namen mit Recht. Sein Schicksal war für uns Vermächtnis und Verpflichtung.

Unermüdlich bauten seit Beginn des Wettbewerbs die Gebrüder Heinzmann an einem Flugzeug. Es wurde mit zunehmender Bauzeit immer schwerer. Obschon den Gebrüdern Heinzmann inzwischen wohl zum Bewußtsein gekommen war, daß sie auf aussichtslosem Posten kämpften, setzten diese beiden Männer aus dem Schwarzwald ihren Stolz darein, das Flugzeug doch zu vollenden.

Einen schlichten Rumpf-Doppeldecker hatte Peter Riedel mitgebracht, mit seinen 14 Jahren der Jüngste im ersten Fliegerlager auf der Wasserkuppe. Braunes Packpapier diente zur Bespannung. Die Verantwortung, den sehr leichten, des Fliegens noch unkundigen Vierzehnjährigen mit seinem selbstgebauten Gleitflugzeug frei fliegen zu lassen, konnten wir nicht übernehmen. So beschränkten wir uns darauf, Riedel in Fesselflügen mit der Handhabung seines Flugzeuges vertraut zu machen. Rechts und links wurde am Flugzeug je eine Leine von etwa 12 Meter Länge angebracht. Damit wurde das Flugzeug samt Riedel gegen den Wind hochgezogen und weitergeführt. Vorn weg lief einer von uns und gab Riedel die erforderlichen Anweisungen. Als ich einmal „Seitenruder rechts“ rief, Riedel mich nicht gleich verstand und ich meinen Zuruf wiederholte, Riedel mich aber wieder nicht verstand, hielt er sich mit der Linken an einer Strebe fest, legte die Rechte ans Ohr und fragte von oben herab „Wie bitte?“ – So hat Peter Riedel damit begonnen, fliegen zu lernen.

Während des Wettbewerbes hatte uns Wolf Hirth einen Besuch abgestattet, als einer der jungen Stuttgarter, die schon 1919 geholfen hatten, den Boden für die Wiederaufnahme des Gleit- und Segelfliegens vorzubereiten. Wolf Hirth fuhr eilig heim und kam kaum eine Woche später wieder, mit seinen Freunden Paul Brenner und Eduard Ulbert und – einem Hängegleiter. Mit ihm haben die drei Stuttgarter an den letzten Tagen des Wettbewerbes und nach dem Wettbewerb noch auf der Wasserkuppe geübt. Für Wolf Hirth war das der Anfang seiner großen Fliegerlaufbahn.

Der Wettbewerb des Jahres 1920 ging seinem Ende entgegen. Die Hoffnungen und Erwartungen, die wir auf ihn gesetzt hatten, waren bis dahin nicht in Erfüllung gegangen. Es zeigte sich, daß die Zeit seit dem Erscheinen unseres Aufrufes bis zum Beginn des Wettbewerbes für das Entwerfen, Konstruieren und Bauen brauchbarer Gleit- und Segelflugzeuge überaus kurz gewesen war.

Klemperer war, wie schon erwähnt, Ende April von Dresden nach Aachen gegangen. Dort war von ihm in fieberhafter Eile ein Flugzeug für den Wettbewerb entworfen und konstruiert und dann in Tag- und Nachtarbeit gemeinschaftlich mit Angehörigen der soeben gegründeten Flugwissenschaftlichen Vereinigung Aachen gebaut worden. Das war unter den argwöhnischen Augen der belgischen Besatzung von Aachen geschehen. Mit viel Geschick war es den Aachener Studenten gelungen, ihr Flugzeug aus dem besetzten in das unbesetzte Gebiet zu bringen.

Mit diesem Flugzeug, das den Namen „Schwarzer Teufel“ trug, kamen die Aachener Studenten in letzter Stunde auf die Wasserkuppe. Es war ein Tiefdecker mit freitragendem dicken Flügel, der sich eng an die Formgebung und – allerdings in Holzkonstruktion – auch an den konstruktiven Aufbau der Junkers-Flugzeuge anlehnte, die damals am Anfang ihrer Erfolge standen. Sein Gewicht betrug 65 kg. Zur Bespannung diente leichte Gaze, die durch einen Anstrich mit Kollodium dicht gemacht und die durchsichtig geblieben war.

Die Aachener brachten außer ihrem Flugzeug eine große Neuheit mit auf die Wasserkuppe. Sie verwandten nicht einfache Wäscheleinen zum Hochziehen ihres Flugzeuges, sondern Gummiseil. – Auch der Start mittels eines Gummiseils war einmal etwas Neues, das erst von einem Praktiker erdacht und erprobt werden mußte.

Der Gummiseilstart – 1920 in der Rhön von Klemperer erdacht und durchgeführt – war bis 1945 die Startmethode des Segelfluges in aller Welt.

Ausziehen . . .

. . . laufen . . .

. . . los!

Nicht zuletzt wegen des Erscheinens dieses Flugzeuges wurde der Wettbewerb bis zum 7. September verlängert. Am 4. September flog Klemperer vom Westabhang der Wasserkuppe nach dem Ort Tränkhof, legte dabei 1830 Meter zurück und blieb 2 Minuten 22 Sekunden in der Luft. Der Höhenunterschied zwischen Start und Landung war 330 Meter. Am 7. September flog Klemperer im Hangaufwind von 15 bis 18 m/sec eine Strecke von 220 Meter und blieb dabei 75 Sekunden in der Luft. Der Höhenunterschied zwischen Start und Landung war 47 Meter, die Startüberhöhung etwa 10 Meter.

Dieser Flug zeigte damals am auffallendsten die Ausnutzbarkeit des Aufwindes am Hang und wurde ausschlaggebend dafür, daß man nicht nur aus Begeisterung, sondern auch mit einem Hinweis auf greifbare Anfangserfolge für die Fortsetzung der begonnenen Arbeit eintreten konnte.

Mit diesem Flug war der Segelflug im Aufwind am Hang aus der Taufe gehoben.

So hatte sich die Bilanz des Wettbewerbes von 1920 noch in letzter Stunde in günstiger Richtung verschoben.

Diesen Bericht kann ich nicht schreiben, ohne noch des Wirkens einiger Männer zu gedenken, die sich bereits 1920 zu uns bekannt und unermüdlich mitgearbeitet haben. Geheimrat Dr.-Ing. e. h. M. F. Gutermuth, der sich durch Betätigung seines Sohnes Hans Gutermuth in der Rhön aus der Vorkriegszeit eng mit uns verbunden fühlte, sowie Jacob Goedecker, ein erfolgreicher deutscher Flugzeugkonstrukteur aus der Vorkriegszeit, teilten sich mit Oskar Ursinus, Kromer und mir in die Verantwortung der Technischen Kommission. Bei dem Fluggerät von 1920 war das nicht ganz einfach.

Professor Linke – Frankfurt und Dr. Roth – Frankfurt waren damals die ersten Meteorologen für den Segelflug. Von Thermikschläuchen und Thermikblasen, Wolkenthermik und Umkehrthermik, Moazagotl und anderen ruhigen Aufwindfeldern wußte und hörte man damals allerdings noch nichts, als uns die

Wissenschaft noch recht skeptisch betrachtete. Alles das blieb der Gemeinschaftsarbeit zwischen Meteorologen und Segelfliegern in den späteren Jahren unter Führung von Professor Georgii vorbehalten.

Muttray – Dresden, Spies – Dresden, Hübner – Dresden, Trendelenburg – Berlin und Freiherr von Lüttwitz – Frankenhausen walteten neben Kromer und mir hauptsächlich in der Tätigkeit als Sportleiter. Menzer als Lagerkoch sorgte für unser leibliches Wohl.

Ursinus als Oberleitung sorgte dafür, daß alles richtig ineinander griff, jeder zu tun hatte und alle bei guter Stimmung blieben.

Nicht zuletzt gilt es, auch der Mitarbeit einiger fast unbekannt Gebliebener beim ersten Gleit- und Segelflugwettbewerb in der Rhön zu gedenken. Fritz Heil und Willy Rebmann waren als begeisterte junge Helfer aus Frankfurt zu uns geeilt. Karl Kammermeyer aus Ulm stellte sein großes Können als Tischler in den Dienst der Sache, Adolf Witt gleichermaßen sein Können als Metallbearbeiter. Als der Wettbewerb zu Ende war, da hatte gerade von diesen Helfern der eine keine Stellung, der andere kein Geld, der andere keinen ordentlichen Anzug mehr. Auch sie aber wurden zu Hause zu Sendboten des Segelfluggedankens.

Eine starre Verteilung der übrigen Aufgaben gab es nicht. Jeder von uns war darauf eingestellt, auf jedem Posten einzuspringen, wo Not am Mann war. So hatte man nach Bedarf manchmal heute noch diese und morgen noch jene Aufgabe.

Im ersten Fliegerlager auf der Wasserkuppe ist es durchaus ordentlich zugegangen. Irgendwelchen Primitivitätskult haben wir nicht getrieben. Primitiv waren nur die Hilfsmittel und die Verhältnisse, auf die wir damals angewiesen waren. Alle schloß das gemeinsame Ziel zu unvergeßlicher Gemeinschaft zusammen. Schon in der Rhön waren alle Beteiligten sich einig, daß die begonnene Arbeit im Sommer 1921 fortgesetzt werden sollte.

Als wir Dresdner uns nach der Rückkehr aus der Rhön Rechenschaft über den ersten Wettbewerb ablegten, waren wir uns vor allem darüber klar, daß der zweite Wettbewerb zeitiger vorbereitet werden mußte. Die Wettbewerber mußten genügend Zeit zum Entwerfen, Konstruieren und Bauen ihrer Flugzeuge haben, damit von vornherein mit dem Erscheinen brauchbarer Flugzeuge zu rechnen war.

Mit dem Entwerfen, Konstruieren und Bauen der Flugzeuge war es aber nicht getan. Die örtlichen Vereine mußten auch die Möglichkeit haben, ihre Flugzeuge zu Hause – vor dem Wettbewerb in der Rhön – zu erproben. Wir hingen alle sehr an der Rhön. Leider aber lag sie nicht überall vor den Toren der Stadt.

So wurden wir uns nach dem ersten Wettbewerb darüber klar, daß es für die weitere Entwicklung der Segelflugsache auch auf die Erschließung anderer Segelfluggelände ankam, die für die örtlichen Vereine leichter erreichbar waren, und in denen regelmäßig mit geringem Aufwand an Kosten und Zeit geübt werden konnte. Diese Erkenntnis und die Werbung dafür hat uns manche Kritik eingebracht.

Um der Segelflugsache eine breitere Grundlage zu geben, wurde auch beschlossen, nun – nachdem die ersten Erfolge erzielt waren – umfassend für den Segelfluggedanken zu werben, um möglichst bald möglichst viele Kräfte, insbesondere Nachwuchskräfte, dafür zu gewinnen.

Die Berichterstattung über den ersten Wettbewerb war zunächst fast nur im „Flugsport“ erfolgt. Dadurch hatte Ursinus auch weiterhin für die Segelflugsache geworben.

Nicht zuletzt mußten wir uns nun aber im Interesse der Sache die Aufgabe stellen, auch die Tagespresse und diejenige Fachpresse für die Berichterstattung über die Segelflugsache zu gewinnen, die bisher ziemlich abseits gestanden hatte.

Mit Vorträgen über den Gleit- und Segelflugwettbewerb in der Rhön verfolgten wir dasselbe Ziel. Mit diesen Vorträgen gingen wir nicht nur in die örtlichen Luftfahrt-Vereine, sondern besonders in die verschiedenen Jugendorganisationen von damals, um vor allem dort für den Segelfluggedanken und im weiteren Sinne für den Fluggedanken überhaupt zu werben, in einzelnen Fällen auch bereits in die Luftfahrtvereine anderer Länder.

So gelang es noch im Laufe des Herbstes 1920, immer weitere Kreise über unser Beginnen und Vorhaben in der Rhön zu unterrichten und sie dafür zu gewinnen.

Immer mehr bestätigte sich, daß der Segelfluggedanke in der Lage, in der sich die deutsche Luftfahrt damals befand, geeignet war, in der Jugend zum Träger des Fluggedankens schlechthin zu werden.

Überdies machte es sich nötig, die Organisation der Segelflugsache auf eine breitere Grundlage zu stellen, da die Organisation, die uns im Verband Deutscher Modell- und Gleitflugvereine zur Verfügung stand, für die Zukunft hierfür zu schmal war. Deshalb beschlossen wir, insbesondere mit der damaligen Wissenschaftlichen Gesellschaft für Luftfahrt, in der Segelflugsache in Zukunft enger zusammenzuarbeiten. Auch dieser Beschluß hat uns damals manche Kritik eingebracht. Nicht jeder konnte erkennen, daß für die weitere Entwicklung der Segelflugsache eine breitere Grundlage erforderlich war, als sie uns allein damals zur Verfügung stand.

Auf einer Tagung der Wissenschaftlichen Gesellschaft für Luftfahrt im Oktober 1920 in Berlin hielt Klemperer einen Vortrag über den Gleit- und Segelflugwettbewerb in der Rhön. Professor Dr.-Ing. Prandtl sagte als Vorsitzender der Wissenschaftlichen Gesellschaft für Luftfahrt eine engere Zusammenarbeit mit uns und eine umfassendere Förderung unserer Bestrebungen zu. Damit haben wir im Spätherbst 1920 für weitere Entwicklung der Segelflugsache immer mehr Männer gewonnen, deren Namen in der Luftfahrt schon einen guten Klang hatten, und ein gutes Teil der weiteren Entwicklung der

der Segelflugsache in die Hände der Wissenschaft gelegt. Am 22. November 1920 fand in Augsburg eine Tagung statt, in der die Richtlinien für die Ausschreibung zum zweiten Segelflugwettbewerb in der Rhön festgelegt wurden. An dieser Tagung haben außer uns als Vertretern des Verbandes Deutscher Modell- und Gleitflugvereine bereits die Vertreter der damaligen Wissenschaftlichen Gesellschaft für Luftfahrt teilgenommen, ferner Vertreter des Deutschen Luftfahrt-Verbandes, der inzwischen auch zur Mitarbeit an der Segelflugsache gewonnen worden war.

Es galt, zunächst festzulegen, in welcher Richtung man die Konstrukteure und die Segelflieger anspornen wollte. Die längste Flugdauer, mindestens aber eine solche von 5 Minuten, sollte 1921 das Ziel der Wettbewerber sein. Der Höhenunterschied zwischen Start und Landung sollte dabei aber nicht mehr als 50 Meter betragen.

Der zweite Segelflugwettbewerb in der Rhön wurde als internationale Veranstaltung vorgesehen. Es ist interessant, jetzt einmal in einer der Veröffentlichungen, in denen wir damals für den zweiten Segelflugwettbewerb in der Rhön geworben haben, hierüber folgendes nachzulesen:

„... In der Erkenntnis, daß heute nur ein ebenso angestrengter wie friedlicher Wettbewerb zwischen allen Nationen den Fortschritt im Friedensflugwesen zu gewährleisten vermag, steht die Teilnahme am Rhön-Segelflug-Wettbewerb 1921 ebenso wie bereits im vergangenen Jahre allen Nationen offen. Seitdem durch den Wettbewerb von 1920 für das Segelflugproblem auch über die Grenzen Deutschlands hinaus mehr Interesse als bisher für die Lösung des Segelflugproblems geweckt worden ist, wird in den kommenden Segelflug-Wettbewerben auch mit internationaler Beteiligung zu rechnen sein...“

Die Saat war aufgegangen. Die Früchte, die sie getragen hatte, waren klein – und überdies nicht ohne Opfer erkauft. Aber die ersten Erfolge waren da und konnten ausgebaut werden – und

So lernte Peter Riedel, der 14jährige Gymnasiast aus Berlin, im Rhönwettbewerb 1920 das Fliegen. Zwei Mann zogen an kurzen Seilen an den Außenflächen. Der „Fluglehrer" sprang voraus und rief Peter zu, was er zu tun hatte. Der Anfang einer langen, erfolgreichen und unfallfreien Laufbahn. Peter Riedel war noch 50 Jahre später ein begeisterter Segelflieger.

Der erste wissenschaftliche Vortrag auf der Wasserkuppe, gehalten am 8. August 1920 von Ingenieur Jacob Goedekker aus Mainz-Gonsenheim. Goedecker bewies, daß der Wirkungsgrad der bisherigen Flugzeuge zu schlecht sei und gab Richtlinien, in welcher Weise das Flugzeug zu entwickeln sei.

6. August 1920, gegen 16 Uhr „sieht man", so schreibt begeistert Oskar Ursinus, „ein weißes Gebilde von Menschenhand 8 Sekunden in der Luft stillstehen. Es ist Poelke mit seinem kleinen, weißen Doppeldecker." Drei Wochen nach Beginn des 1. Rhön-Wettbewerbes gelang Bruno Poelke aus Frankfurt, der schon 1909 auf der ILA in Frankfurt erfolgreiche Flugversuche durchführte, der erste Start im Wettbewerb.

Eine der saubersten Werkarbeiten der 1. Rhön: der Eindecker von Senator Alfred Zeise aus Altona, den er mit seinem Sohn Arnold und August Nesemann aus Sperrholz, Bambus und geölter Seide gebaut hatte. Der Start erfolgte laufend, im „Flug" saß der Führer, das „Fahrgestell" bei der Landung waren die Beine. Theo Suchla aus Halle hatte sich viel Mühe gegeben, mit diesem interessanten Muster über Sprünge hinauszukommen.

Zum 1. Rhönwettbewerb kamen viele interessante Bauversuche, seien es Hängegleiter gewesen, Doppeldecker und Dreidecker, Flugzeuge mit zurückklappbaren Flächen oder wie auf dem Bilde der dreifache Tandem-Eindecker „Maikäfer" von Maykamper – die Flächen hatten keinen Anstellwinkel.

die Opfer, die sie gekostet hatten, konnten nur verantwortet werden, wenn der Enderfolg unseres Beginnens sie rechtfertigte.
Dazu aber sproß noch eine andere Saat, die neue und größere und schönere Früchte versprach. Das waren alle die jungen Kräfte, die sich allmählich zu uns fanden. Sie kamen aus allen Teilen Deutschlands zur Segelflugsache, aus allen Berufen, aus allen Lagern. Sie kannten nur den einen Wunsch: Segelflugzeuge bauen und segelfliegen. Sie kamen um der Sache, um der Idee willen zu uns, die alle einte.
Wenn eine Sache groß wird, die klein angefangen hat, schwindet von selbst die Romantik. Dann muß alles genau eingeteilt und genau geordnet werden.
Angefangen haben wir auf der Wasserkuppe mit nicht viel mehr als dem guten Willen", schloß Erich Meyer seine Erinnerungen, die er 1939 zur 20. Rhön niederschrieb und mir „freundlichst überreichte".

Wolfgang Klemperer rettet den 1. Rhön-Segelflug-Wettbewerb

Als getreuer Chronist des Segelfluges und seiner Geschichte gebe ich die gesamte Meldeliste des ersten Wettbewerbes in der Rhön wieder. Bis zum endgültigen Termin hatten gemeldet:

1. Fliegervorschule Nürnberg, Eindecker, 17,6 qm, Pelzner, Willy
2. Richter, Gustav – Hauenstein, Dreidecker, 18 qm, Richter, Friedrich-Wilhelm
3. Zeise, Alfred – Altona, Eindecker, 11,5 qm, Zeise, Arnold
4. Poelke, Bruno – Frankfurt/M., Zweidecker, 14 qm, Poelke, Bruno
5. Bleske Hermann, Eindecker, 16 qm, Bleske, Hermann
6. von Loeßl, Eugen, Stuttgart, Zweidecker, 21 qm, von Loeßl, Eugen

des Zieles weitergearbeitet und geflogen wird. Wer den wunderbaren Geist im Lager kennt, wird die Bedeutung zu ermessen wissen. Zu Ehren der Pioniere Lilienthals und von Loeßl muß der August in Zukunft ein Mahnstein in der Geschichte werden. Im August soll in Zukunft ein Deutscher Fliegertag, der die Fesseln der Korporationen sprengen soll, stattfinden, nicht etwa, um einen neuen Bund zu gründen, sondern zu gemeinsamer Arbeit zu sammeln. In der Rhön muß sich jedes Jahr alles treffen, was an der Sache mitarbeiten will, wer es auch sei, ganz gleich welchem Verein, Club oder Verband er angehört. – Arbeiten!"

Dies begeisterte Bekenntnis war die Verpflichtung, den Wettbewerb in der Rhön fortzusetzen. Die Geschichte des Segelfluges gab Oskar Ursinus recht.

Im Abschlußbericht hieß es: „Alles was in der Rhön war, hat gelernt, alle haben weitgehendste Anregungen für die zukünftigen Entwicklungsmöglichkeiten mit nach Hause genommen. ‚Ja, nächstes Jahr', so hörte man oft sagen, ‚da kommen wir mit der doppelten Anzahl Maschinen, die sehen anders aus als heute, wir wissen jetzt, wie und was gebaut werden muß'."

So war es auch. Der Anfang in der Rhön war ein Tasten, ein erster Schritt. Der Flugsport war wieder einmal Schrittmacher für die Gesamtluftfahrt. 1920 herrschte über die zweckmäßigste Konstruktion noch große Unklarheit. Das begann mit der Zahl der Tragflächen, mit der Form der Tragflächen, mit der Länge und Tiefe, mit dem Problem dünne oder dicke Tragflächen, verspannt oder nicht verspannt, mit der Wahl des Baustoffes, ob Rumpf oder nicht, über die Unterbringung des Flugzeugführers, über die Wahl des Fahrgestells, von den eigenen Beinen über Räder bis zur zentralen Kufe, die durch Poelke die endgültige Lösung wurde. Jede These hatte ihre Anhänger. Technische Erkenntnisse, die heute Selbstverständlichkeit sind, waren ungelöste, heiß diskutierte Probleme. Klemperer tat mit seinem „Schwarzen Teufel" einen entscheidenden Schritt vorwärts. So

den Rhön-Segelflug-Wettbewerb 1921 aus. „Die Veranstaltung bewertet die Ausnutzung natürlicher Windenergie beim Fluge ohne motorischen Antrieb.“ Die Zulassungsbedingungen waren verschärft worden: Die Flugzeuge unterlagen einer Bauprüfung durch einen Prüfer der WGL und mußten mindestens einen Flug von 300 m Länge oder 30 Sekunden Dauer nachgewiesen haben. Die Zulassung der Flugzeugführer unterlag der Bedingung eines Fluges von 300 m Länge oder 30 Sekunden Dauer oder dreier Flüge von mindestens je 15 Sekunden Dauer oder je 150 m Länge. Mit diesen Maßnahmen wurde von vornherein minderwertiges Material ausgeschaltet und das Risiko von Menschenleben verringert. Von den 46 Meldungen waren 30 Flugzeuge erschienen. In der technischen Ausführung der Flugzeuge wurde ein erheblicher Fortschritt erkennbar. Die Segelflugzeuge hatten sich mehr und mehr von den Merkmalen der Motorflugzeugkonstruktionen freigemacht und gingen eigene, neue Wege. Die Merkmale des Flugzeuges der Flugwissenschaftlichen Vereinigung Aachen fanden Nachbau. Klemperer selbst hatte seine Erstkonstruktion vor allem in der Werkstattarbeit wesentlich verbessert und stellte mit der „Blauen Maus“ erneut das beste Flugzeug des Wettbewerbs 1921. Espenlaub hatte ein Flugzeug mit 10,5 m Spannweite, 6 m Länge, einer Fläche von 17 qm und einem Gewicht von 40 kg gebaut, der Drude-Eindecker hatte nur 9 m Spannweite. Freiherr von Lüttwitz, der während der Rhön 1920 in vier Tagen ein Flugzeug mit 8 qm Tragfläche und einem Gewicht von 20 kg aus einem Bündel Latten, einer Rolle Packpapier, Eisendraht, Schnur und Nägeln gebaut hatte (und das Flugzeug flog!), hatte diesmal einen Segler von 12 m Spannweite, der in seiner Form an die großen Landsegler der Urwelt erinnerte. Pelzner war wieder mit seinem Hängegleiter gekommen. Unter den Flugzeugführern war der in den nächsten Jahren zu Weltruhm aufgestiegene ostpreußische Lehrer Ferdinand Schulz aus Waldensee. Für die Aachener flogen neben Klemperer die Studenten Bienen und Fromm. Koller aus München war mit einem Eindecker erschienen, der sehr stark den späteren Schulflugzeugen ähnelte. Die Stuttgarter kamen mit einem Rumpfflugzeug mit doppelter Kufe. Höhepunkt aller Konstruktionen jedoch war die Neukonstruktion der Akademischen Fliegergruppe der Technischen Hochschule Hannover. Es war der „Vampyr", mit dem Martens schon 1921 Erfolge erzielte, der aber übers Jahr mit seinen Rekordflügen zum Begründer des eigentlichen Segelfluges und zum Stammvater aller Segelflugzeuge wurde. „Die vortreffliche Leistung des Hannover-Flugzeuges hat wohl alles Bisherige überboten." (Ursinus)

Das Fliegerlager befand sich, wie 1920, noch am Südhang der Wasserkuppe, im Gelände der heutigen Straße von Gersfeld und der Abzweigung zur Wasserkuppe. Am 21. Juli wurde neben den Zelten eine Schlafbaracke aufgestellt mit 40 Kajüten und Hängematten – der erste feste Bau, der in die Geschichte der Wasserkuppe als „Schlafwagen" einging. Der Wettbewerb kannte bereits eine Sportleitung, eine Technische Kommission, einen Werkstatt- und einen Wirtschaftsausschuß. Sitz der Wettbewerbsleitung war im „Hotel Adler" in Gersfeld und im Fliegerlager. In der Oberleitung und in den Ausschüssen waren so bekannte Namen wie Konsul Dr. h. c. Kotzenberg, Oskar Ursinus, Prof. Dr. Lincke, Dr. Rumpler, Dr. Hoff, Dr. Seefried, Prof. Dr. Prandtl, Prof. Gutermuth, Prof. Dr. König, Madelung, Eisenlohr, Offermann und der spätere General Student tätig. Den Wirtschaftsausschuß bildeten die Einheimischen: Bürgermeister Seifert, Postverwalter Röder und Hotelier Schüssler.

Bereits am ersten Tag gab es 17 Starts, vor allem durch Klemperer, Pelzner und Bienen. Trotzdem wurde der Große Rhön-Segelflugpreis für die größte Flugdauer, aber mindestens 5 Minuten, nicht ausgeflogen. Den Sieg im Kampf um die größte Gesamtflugdauer sicherte sich der nimmermüde Nürnberger Willy Pelzner vom Nordbayerischen Luftfahrt-Verband, der in 57 Flügen $2200^1/_2$ Sekunden erreichte. Zweiter wurde Karl Kol-

nuten 100 m über dem Startplatz und flog in vielen Kurven und Achten über Sieblos, Poppenhausen, Tränkhof nach Gersfeld, wo er nach 13 Minuten 3 Sekunden hinter der Gärtnerei von Waldthausen landete, eine Zeit, mit der er endgültig auch die Flugzeiten von Orville Wright aus der Vorkriegszeit in Amerika überboten hatte. Gleichzeitig hatte er mit 5 km die bisher längste Strecke im motorlosen Flug zurückgelegt. Zuerst flog Klemperer gegen und später mit dem Wind, wodurch sich erklärt, daß er für die erste Hälfte des Fluges 10 Minuten und für die zweite Hälfte des Fluges 3 Minuten benötigte. Aber schon wenige Tage später, am 5. September, flog Martens auf „Vampyr" von der Wasserkuppe nach Batten bei Hilders und hatte mit 7,5 km und 15 Minuten Flugzeit neue Weltbestleistungen aufgestellt. Die englische Zeitschrift FLIGHT schrieb damals: „Hätte man uns noch vor einigen Wochen erzählt, es wäre möglich, mit einem motorlosen Flugzeug sich ohne fremden Antrieb eine Viertelstunde in der Luft zu halten, hätten wir, milde gesagt, zumindest gezweifelt. Wie weit uns diese Gleitversuche noch bringen werden, ist unmöglich zu prophezeien . . ." Die französische Fachzeitschrift „LES AILES" stellte fest: „Es ist unleugbar, daß die Ergebnisse sehr schön sind. Das Ziel, das sich die Organisatoren gestellt hatten, ist erreicht. Sie haben erstens in Deutschland eine sehr starke Bewegung für den Segelflug geschaffen, zweitens trotz der Klauseln des Friedensvertrages es ermöglicht, neue Untersuchungen vorzunehmen, die auch für das Motorflugwesen nicht ohne Interesse sind und endlich drittens, in der deutschen Jugend ein außerordentlich lebhaftes Interesse für das Flugwesen geweckt und dessen sportlichen Anreiz bewiesen."

Das Jahr 1921 endete mit einem weiteren großartigen Erfolg der neuen Idee in der Rhön. Am 13. September segelte der Bamberger Baurat Friedrich Harth über dem Heidelstein mehr als 21 Minuten. Harth war ein Individualist und hielt das Gelände vom Heidelstein für den motorlosen Flug besser geeignet als die Wasserkuppe. So erprobte und flog er dort allein mit seinem jungen Freund Willi Messerschmitt. Friedrich Harth war eigene Wege gegangen. Er sah in der Flügelsteuerung die endgültige Lösung. Er war der Überzeugung, mit Hilfe der direkten Anstellwinkeländerung der Flügel ein motorloses Flugzeug steuern zu können. An der Verwirklichung dieser Idee arbeitete er bereits seit 1910. Im Frühjahr 1914 gelangen ihm auf dem Bamberger Exerzierplatz, dem späteren Flugplatz Breitenau, die ersten Flüge und anschließend auf dem Ludwager Kulm im Jura. Seit jener Zeit war der Gymnasiast Messerschmitt sein getreuer Helfer. Als Harth Soldat wurde, arbeitete Messerschmitt weiter, und Harth flog in den Zeiten des Fronturlaubs. Beide kamen 1920 in die Rhön, und Harth blieb bis zum Oktober am Heidelstein. Die verschiedenen im Laufe der Jahre gebauten Flugzeuge hatten Tragflächen von 9 bis 20 qm, Spannweiten zwischen 7 und 12 m, und das Gewicht schwankte zwischen 40 und 56 kg. Aus den Flugerfahrungen des Jahres 1920 entstand die S 9, ein verspannter Hochdecker mit offenem Stahlrohrgitterrumpf, mit einer Spannweite von 11 m, 15,35 qm Tragfläche und mit einem Gewicht von etwa 48 kg. Am 13. September wehte am Heidelstein ein Wind von 10 bis 12 m aus südwestlicher Richtung. Es gelangen zunächst einige Segelflüge von mehr als 6 Minuten Dauer. Als der Wind zugenommen hatte, startete Harth gegen 8.30 Uhr erneut. Zeugen des Fluges waren Messerschmitt und ein Gehilfe. Schon in wenigen Minuten stieg Harth bis auf 150 m Höhe über dem Startplatz.

Messerschmitt eilte zum Lagerplatz, um einen Fotoapparat zu holen. In diesem Augenblick stürzte Harth, offenbar durch einen Bruch in der Steuerung, aus einer Höhe von 70 m ab. Die Flugdauer betrug 21 Minuten und 57 Sekunden. Der gesamte Flug wurde über fast ebenem Gelände durchgeführt. Leider konnte Harth nach diesem schweren Absturz die technische Lösung seiner Idee nicht mehr weiter verfolgen. Sein Flug aber, für den Messerschmitt der geschichtliche Zeuge ist, bewies die Richtig-

dieser neuen Richtung der Luftfahrt bildete. Man hatte, um allen am Segelflug Arbeitenden einen besonderen Anreiz zu geben, einen hohen Preis ausgeschrieben für eine Flugdauer von mindestens 40 Minuten mit Rückkehr zum Startplatz, um von dort aus einen Streckenflug von 5 km in gerader Richtung zurückzulegen. Die Bedingungen waren äußerst schwierig. Allgemein glaubte man, dieser „Industrie-Preis" könnte jetzt noch nicht ausgeflogen werden. Aber Martens wollte ihn gewinnen. Unermüdlich waren die Studenten aus Hannover am Werk. Zum xten Male startete Martens am 18. August am Spätnachmittag. Es war bereits 17.30 Uhr. Diesmal flog er nicht geradewegs von der Wasserkuppe weg, sondern in immer wiederkehrenden Schleifen vor der Wasserkuppe — und das war der Erfolg! Der Aufwind trug ihn. Da die Wasserkuppe frei über 400 m aus der Landschaft herausragt, stoßen sich die Winde, aus welcher Richtung sie auch blasen mögen, stets an einer Bergwand, werden nach oben abgelenkt und strömen bis etwa 400 m über die Kuppe. Diese aufsteigenden Luftströmungen waren die Voraussetzung für den motorlosen Flug. Und wenn dies heute so selbstverständlich klingt — sie mußte erst gefunden werden.

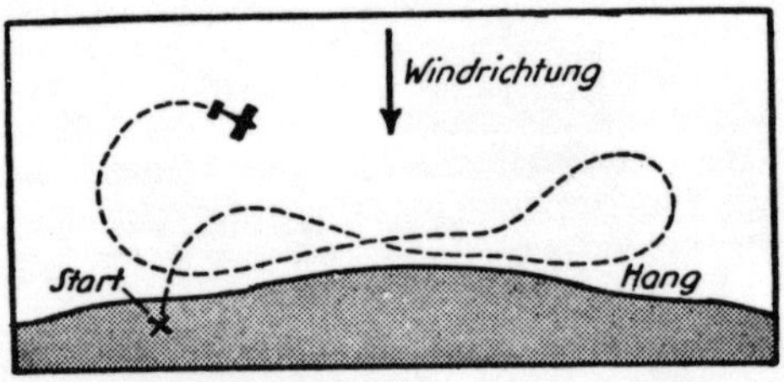

Fliegen am Hang. Man startet von der Hangkante gegen den Wind und geht stets vom Hang weg in die Kurven.

Bald hatte an dem geschichtlichen 18. August Martens den Rekord von Harth überboten. Dann aber zwang ihn eine Windflaute zur Aufbietung seines ganzen fliegerischen Könnens, um nicht in letzter Minute des so wertvollen Preises verlustig zu gehen. Nach sieben langen, bangen Minuten, in denen er zeitweise unter Starthöhe segelte, blies endlich der abendliche Wind wieder stärker. Überglücklich fühlte sich Martens, als sein braver Vogel wieder regelmäßg zu steigen begann. Nach 40 Minuten segelte er ins Tal.

Aus dem Dunst hebt sich ein weißer Kirchturm ab. Umrisse von Häusern werden sichtbar. Das muß Weyers sein. „Ich sehe auf die Uhr", erzählt Martens, „Hurra! Die erste Stunde im motorlosen Flug ist überschritten, um wieviel . . . ich weiß es nicht!" 1 Stunde und 6 Minuten segelte Martens an den Hängen der Rhön, und mit 8,9 km und 108 m Startüberhöhung brachte ihm dieser Flug gleich drei neue Weltrekorde, was keinem Piloten der Welt mehr geglückt ist. Dieser erste Stundenflug wurde bahnbrechend für die Entwicklung des motorlosen Fluges. Wenige Tage später segelte sein Studienkamerad Hentzen 2 Stunden und 10 Minuten und am letzten Wettbewerbstag, am 24. August, sogar 3 Stunden und 6 Minuten auf der gleichen Maschine. Neue Weltrekorde! – Doch das ist im Prinzip nicht wichtig, denn der Weg war gewiesen. Während bis dahin die Flüge in erster Linie Gleitflüge gewesen waren, Flüge, die von einem erhöhten Punkt aus ins Tal geführt hatten, war jetzt der Beweis erbracht, daß es möglich war, motorlos im Hangwind, in dem an den Berghängen aufwärtsstreichenden Luftstrom, ohne Höhenverlust zu segeln. Das Problem des statischen Segelfluges war damit gelöst, und es war nur eine Frage des Windes, der Nerven und der Güte des Fluggeräts, wie lange ein solcher Segelflug ausgedehnt werden könne.

Mensch, Maschine, Meteorologie

Sicherlich hat Prof. Georgii recht, wenn er behauptet, dieser 18. August war der eigentliche Geburtstag des Segelfluges. Denn zum ersten Mal hatten Flugzeuge ohne Motorantrieb ihren Startplatz beträchtlich, nämlich um 340 m überhöht und sich stundenlang in der Luft gehalten. Zum Mut des Menschen hatten sich die Kunst der Konstruktion und das Wissen um Wind und Wetter gepaart – diese Dreiheit von Mensch, Maschine und Meteorologie waren die fundamentalen Grundpfeiler, die von Anfang an und immer wieder für die Entwicklung und den Fortschritt des motorlosen Fluges entscheidend waren.

Den großen Rhön-Segelflug-Preis 1922 gewann Hentzen mit seinem Rekordflug von 3 Stunden und 6 Minuten. Der „Vampyr" blieb auch Sieger im Preis für die kleinste mittlere Sinkgeschwindigkeit vor den beiden Darmstädter Flugzeugen „Geheimrat" und „Edith". Hentzen siegte auch im Lilienthal-Preis für die größte Flugstrecke mit 10 km vor Hübner – Darmstadt auf „Edith" mit 5 km, und Hackmack – Darmstadt auf „Geheimrat" mit 4,7 km. Erfolgreichster Teilnehmer im Wettbewerb der Gleitflugzeuge war der Flugtechnische Verein Dresden mit seiner Konstruktion „FVD Zweidecker 1921", auf dem Seiferth und Spies 1851,3 Sekunden flogen, vor „Harth-Messerschmitt S 10", auf dem von Freyberg, Harth und Hirth 1543 Sekunden erreichten, und Schrenk flog auf dem Eindecker von Gottlob Espenlaub 919 Sekunden. Schrenk gewann auch den Preis für die größte Flugstrecke mit 2,8 km vor Seiferth – Dresden mit 2,7 km und Stamer auf Weltensegler „Roland Festung" mit 1,8 km. Zum letzten Mal gab es einen Preis für die Hängegleiter oder wie es damals hieß, für „Gleitflugzeuge, welche durch Verlegen des Körpergewichts gesteuert wurden." Unerreicht blieb auch diesmal der Nürnberger Willy Pelzner mit 231,5 Sekunden Gesamtflugdauer. Unter den zahlreichen anderen Preisen sei ein hoher Geldpreis für Ferdinand Schulz – Waldensee hervorgehoben „für persönliche Leistungen beim Bau und Fliegen seines Flugzeuges".

Die Stundenflüge des Wettbewerbes 1922 lösten eine ungeheure Begeisterung aus. Überall in Deutschland entstanden neue Segelfluggruppen. Die Presse der Welt beschäftigte sich mit den Fliegern der Rhön. Die „Berliner Illustrierte" brachte als Titelbild die „Vogelmenschen der Wasserkuppe". Reichspräsident Friedrich Ebert empfing die erfolgreichen Segelflieger und alle, die auf der Rhön mitgewirkt hatten, im alten Reichskanzlerpalais zu Berlin.

Die Segelflug GmbH schuf die erste straffe Organisation

Nach den großen Erfolgen im Rhön-Segelflug-Wettbewerb 1922 versuchten immer mehr Verbände Einfluß auf die junge Segelflugbewegung zu gewinnen. Um die Überwachung des Segelfluges und die Regelung seiner Probleme in einer zuständigen Stelle zusammenzufassen, gründeten im Herbst 1922 Prof. Georgii als Vorsitzender des Modell- und Segelflugverbandes, Kasinger als Geschäftsführer des Verbandes Deutscher Luftfahrzeug-Industrieller, Konsul Dr. Kotzenberg als Vizepräsident des Deutschen Luftfahrtverbandes, Felix Wagenführ als Vizepräsident der Wissenschaftlichen Gesellschaft für Luftfahrt und von Kehler als Vizepräsident des Aero-Clubs von Deutschland in Frankfurt die Segelflug GmbH. In der Aufsichtsratssitzung am 10. Dezember 1922 in Frankfurt wurden in Anwesenheit von Ministerialrat Fisch vom Reichsverkehrsministerium Wissenschaftler und erfolgreiche Flugzeugführer der ersten Wettbewerbe als Aufsichtsratsmitglieder, Kasinger zum Geschäftsführer und Konsul Dr. Kotzenberg zum Vorsitzenden gewählt. In den Ausschreibungsausschuß kamen Brenner, Georgii, Hackmack, Hentzen, Hoff, Krupp, Linke, Offermann, Schlinck, Student, von Tschudi, Ursinus, Waitz und Wilberg, Den Forschungsausschuß bildeten Blume, Georgii, Hoff, Krupp, Linke, Schlinck und Ursinus, den Technischen Ausschuß Hoff, Krupp, Offermann, Schlinck, Thomas, Ursinus. Um die Schulung kümmerten sich Baeumker, von Eberhardt, Freiherr von Freyberg, Georgii, Muttray, Student und Wilberg in einem eigenen Arbeitsausschuß. Am 21. Januar 1923 wurde Dr. Kotzenberg zum Präsidenten und Prof. Georgii zum Vorsitzenden gewählt. Konsul Dr. Karl Kotzenberg, nach dem Ersten Weltkrieg Vorsitzender des Frank-

furter Vereins für Luftfahrt, Oberleiter der Rhön-Wettbewerbe, Präsident des Deutschen Modell- und Segelflugverbandes, Vizepräsident des Deutschen Luftfahrtverbandes, Präsident der Südwestgruppe des Deutschen Luftfahrtverbandes und nunmehr Präsident der Segelflug GmbH, diente dem Segelflug in uneigennütziger Weise nahezu ein Jahrzehnt. Prof. Georgii, der mit ihm in dieser Zeit entscheidend die Weiterentwicklung beeinflußte, schreibt über Konsul Kotzenberg: „Liberal in seinen Anschauungen, großzügig im Handeln, ein weitblickender Wirtschafts- und kluger Verhandlungsführer, der mit diesen der aktiven Luftfahrt an und für sich fremden Gaben sie doch erfolgreich gefördert hat. Die verschiedenartigen, sich immer bekämpfenden Luftsportverbände vermochte nur er mit seiner vorsichtigen und doch zielbewußten Taktik unter der Oberhoheit eines Deutschen Luftrates zusammenzufassen. Einzigartig aber war seine väterliche Fürsorge für die segelflugtreibende Jugend der Wasserkuppe. Für sie war er in der Tat der „Papa Kotzenberg“ . . . Nur wenige der heutigen Segelflieger wissen, daß die Rhön-Wettbewerbe der ersten Jahre ohne ihn kaum durchführbar gewesen wären . . . Drei Tage vor Schluß des Fliegens telefonierten wir nach Frankfurt und luden ihn zur Preisverteilung ein. Natürlich kam Dr. Kotzenberg, hatte auch das Scheckbuch nicht vergessen und schrieb, wie es sich nach seiner Ansicht für einen ordentlichen Vater gebührt, die erforderlichen Geldpreise der Reihe nach, zu Lasten seines Kontos auf der Frankfurter Bank, aus. In jener Zeit der Inflation war es beinahe auch selbstverständlich, daß mit Dr. Kotzenberg ein riesiger Reisekorb, ausreichend für eine Weltreise, mit zur Wasserkuppe kam, der vollgefüllt war mit den herrlichsten Leber- und Blutwürsten, mit Schwartenmagen, Räucherspeck und Schinken, auf den sich dann die Schar der hungrigen Kotzenberg-Buben mit Jubelgeschrei stürzte.“
Die Segelflug GmbH schuf am 1. März 1923 einen Segelflieger-Ausweis A für einen Flug von 30 Sekunden Dauer oder 300 m

Strecke mit glatter Landung, und einen Segelfliegerausweis B für zwei Flüge von mindestens 45 Sekunden Dauer und einen Flug von mindestens 60 Sekunden Dauer mit zwei 90°-Kurven – Prüfungsbestimmungen, die nahezu 40 Jahre im Segelflug der Welt ihre Gültigkeit hatten. Über die Entstehung des Segelfliegerabzeichens gab es nachträglich manche Erklärung. Prof. Georgii deutet seine Symbolik wie folgt: „Obwohl den Segelfliegern die weiße Möwe und das Blau des Himmels für ihr Abzeichen naturgegeben sind, erinnern doch die Segelflugfarben weiß-blau noch heute an die Bayernhilfe, die durch die unermüdliche Fürsorge der Majore Hailer, Stadelmaier und Schauer von der Luftüberwachung Fürth der Wasserkuppe zuteil geworden ist."

Rhön-Wettbewerb 1923

Das Interesse der verschiedensten Luftsportverbände am Segelflug kam auch in der Ausschreibung zum Rhön-Segelflug-Wettbewerb 1923 zum Ausdruck. „Im Auftrage des Deutschen Luftfahrt-Verbandes und im Einvernehmen mit der Segelflug-Gesellschaft mbH veranstalteten die Südwestgruppe des Deutschen Luftfahrt-Verbandes und der Deutsche Modell- und Segelflugverband vom 3. bis 31. August auf den Hängen und benachbarten Höhen der Wasserkuppe in der Rhön einen Segelflug-Wettbewerb. Er steht unter dem Ehrenschutz der Wissenschaftlichen Gesellschaft für Luftfahrt." Erstmals sah der Rhön-Wettbewerb einen Vorwettbewerb vom 3. bis 14. August für fliegerische Leistungen jüngerer, noch nicht im Segelflug erfolgreicher Führer auf motorlosen Flugzeugen vor. Der Hauptwettbewerb fand vom 17. bis 31. August statt. Flugzeuge zum Hauptwettbewerb mußten vor ihrer Zulassung einen Flug von mindestens 600 m Länge oder 60 Sekunden Dauer nachweisen, die Flugzeugführer die B-Prüfung. In keinem Jahr seiner Ge-

schichte erlebte der Segelflug so viele Ehren- und Geldpreise wie im Jahre 1923, gegeben von den Verbänden, aber auch von vielen Einzelpersönlichkeiten aus dem In- und Ausland. Immer wieder erschien der Aufruf „Sammelt Lebensmittel für die Rhön!" – In den Tälern herrschte Inflation. Im Fliegerlager, das bereits an der heutigen Stelle auf halber Höhe war, mehrten sich die Zelte und Baracken. Von ehrenamtlichen Kräften war bis zum Beginn des Wettbewerbes eine Straße gebaut worden. Schon vor dem Wettbewerb segelte Alexander von Bismarck mit dem neuen Espenlaub-Eindecker am Westhang der Wasserkuppe 42 Minuten und landete nach 9 km in der Nähe von Weyhers. Von den gemeldeten 99 Flugzeugen waren 70 erschienen, 8 wurden der Technischen Kommission (Teko) nicht vorgeführt. Von den 62 geprüften Flugzeugen wurden 7 nicht zugelassen, bedingt zugelassen 2, bedingungslos zum Abnahmeflug 52 freigegeben. 21 von ihnen schieden bei den Probeflügen durch Bruch aus. Unter den teilnehmenden Flugzeugen waren die Akaflieg Darmstadt mit ihren bekannten Konstruktionen „Geheimrat", „Edith", „Konsul", „Hessen" und dem Doppelsitzer „Margarete" vertreten, Weltensegler mit dem neuen „Hol's der Teufel", Akaflieg Berlin mit „Teufelchen" und „Charlotte" von Tank, München mit dem „Münchner Kindel", Dresden mit „Schoop", Aachen mit der „Blauen Maus", Hannover mit „Vampyr" und „Greif", Ha 6 und H 7, ferner mehrere flügelgesteuerte Flugzeuge von Harth-Messerschmitt mit den Typen S 12 und S 14. Wolf Hirth war kurz vor dem Wettbewerb durch Bruch einer Stoßstange in der Steuerung der S 14 aus 30 m abgestürzt. Aus dem Krankenhaus zu Fulda ließ er alle Freunde grüßen. Ferdinand Schulz war nicht mehr aus Ostpreußen zur Wasserkuppe gekommen, so verärgert war er über die Nichtzulassung seiner Konstruktionen im Vorjahr. Die größten Flugleistungen im Rhön-Segelflug-Wettbewerb 1923 gab es an den beiden letzten Tagen.
Im Vorwettbewerb holte sich den Preis für die größte Gesamt-

flugdauer, den von-Loeßl-Preis, Eric Thomas von der Akademischen Fliegergruppe Darmstadt, der in fünf Flügen auf dem „Geheimrat“ 84 Minuten und 40 Sekunden geflogen war. Zweiter wurde Fritz Hoppe, ebenfalls von der Akaflieg Darmstadt, der auf „Edith“ in sieben Flügen 65 Minuten und 13 Sekunden erreichte. Dritter wurde der Schwede Bergvik mit 37 Minuten und 57 Sekunden in 18 Flügen auf dem „Hol's der Teufel“. Thomas wurde auch Sieger im Kampf um die größte Flugdauer in einem Flug mit 54 Minuten und 4 Sekunden auf „Geheimrat“ vor Hoppe auf „Edith“ mit 20 Minuten und 32 Sekunden und Tepper – Gotha mit 18 Minuten und 52 Sekunden.

Die größte Gesamtflugdauer unter den Teilnehmern, die keinen Motorflugschein besaßen, erzielte der Schwede Bergvik mit 37 Minuten und 57 Sekunden vor Drude – Berlin mit 1 Minute und 33 Sekunden und Novak – Bonn mit 1 Minute und 4 Sekunden. Dabei blieb Bergvik einmal 13 Minuten und 12 Sekunden in der Luft und gewann damit weitere 6 Millionen als Preis. Ferner wurde Peter Riedel – Berlin und Max Kegel – Kassel eine Prämie zugesprochen. Der Preis für Hängegleiter wurde nicht ausgeflogen. Ihre Zeit war auf der Wasserkuppe zu Ende.

Im Hauptwettbewerb wurden die Preise für die größte Strecke, mindestens 20 km, und für die größte Flughöhe, mindestens 350 m, nicht ausgeflogen. Anerkennungspreise für Höhenleistungen erhielten Hackmack – Hannover auf Messerschmitt S 14 für 303 m bei seinem berühmten Sturmflug, Fritz Stamer auf Weltensegler „Bremen“ für 180 m und Thomas – Darmstadt auf „Geheimrat“ für 80 m. Die größte Flugstrecke erreichte Martens – Hannover auf „Strolch“ mit 8,8 km vor Hackmack auf S 14 und Thomas auf „Geheimrat“. Den Zweisitzerpreis für die größte Flugdauer erhielt Hoppe – Darmstadt auf „Margarete“.

Um die größte Flugstrecke gab es am 31. August einen harten Kampf zwischen Arthur Martens – Hannover und Albert Botsch – Darmstadt. Auf dem von den Prometheus-Werken Hannover

erbauten „Strolch" legte Martens fast 8 km zurück. Dann startete Botsch auf „Konsul". Im letzten Augenblick entdeckte er auf der von ihm zur Landung ausgewählten Wiese den „Strolch". Wollte er den Preis gewinnen, mußte er also ein Stück weiter kommen, flog geradeaus und setzte 400 m weiter glatt auf. Gegen abend startete Martens erneut, und da der Wind aus Südost kam, wählte er erstmals in diesem Jahr die Abtsrodaer Kuppe als Startplatz und legte nunmehr 8,8 km zurück. Den Kampf um den Zielpreis an diesem Tage gewann Rudolf Spies, Darmstadt, auf „Edith", der nur 40 m vom Zielpunkt – ein am Fuße der Eube gestecktes Fähnchen – gelandet war.
Während des Wettbewerbes fand auf der Wasserkuppe eine Tagung des D.M.S.V. statt. Dabei wurde am 16. August die Stiftung des Deutschen Segelfliegerabzeichens für hervorragende fliegerische, wissenschaftliche oder technische Leistungen beschlossen. Das Kuratorium bestand aus Dr. Kotzenberg, Oskar Ursinus, Dr. Georgii sowie Prof. Dr. Schlinck. Die ersten Abzeichen wurden Hentzen – Berlin, Martens – Hannover, Hackmack – Dessau, Klemperer – Friedrichshafen, Botsch – Darmstadt und Ursinus – Frankfurt verliehen. Im Laufe der beiden nächsten Jahre erhielten die hohe Auszeichnung: Nr. 7 Rudolf Spies – Darmstadt, Nr. 8 Gottlob Espenlaub – Wasserkuppe, Nr. 9 Ferdinand Schulz – Waldensee, Nr. 10 Dr. Georgii – Frankfurt, Nr. 11 Erich Offernmann – Berlin, Nr. 12 Otto Fuchs – Darmstadt, Nr. 13 Johannes Nehring – Darmstadt, Nr. 14 Peter Hesselbach – Darmstadt. Über weitere Verleihungen ist in den Quellen nichts zu finden.

Das Fliegerdenkmal am Westhang

Gegen Ende des Wettbewerbes am 30. August 1923 wurde am Westhang der Wasserkuppe das Fliegerdenkmal eingeweiht. Um die Stimmung dieser Stunde am besten wiederzugeben, sei

der Bericht von Oskar Ursinus aus dem FLUGSPORT entnommen: „Hunderttausende von Menschen hatten sich dazu eingefunden. Unter den Gästen waren u. a. Prinz Heinrich von Preußen, General Ludendorff, Graf Luckner. Das Ehren- und Erinnerungszeichen ragt am Nordhang der Wasserkuppe empor: auf zusammengetürmten Basaltfelsen erhebt sich der Sockel, den der Adler umkrallt, eine prächtige Schöpfung des bekannten Tierbildhauers Gaul. Wenig Denkmäler dürfte es geben, die einen solch wuchtigen, würdigen, großen Eindruck hinterlassen wie dieses Fliegerdenkmal, und keines, das in so großer, erhabener Umgebung, an so ausgezeichneter Stätte steht. Links liegt dem Blick die Bergwelt der Rhön offen, und weit geht der Blick des Adlers über die Lande, gen Fulda und überschaut die deutschen Gaue, umbraust von den Stürmen der Rhön. Und all das, was das Denkmal sagen will, ist zusammengefaßt in den Worten des unbekannten Dichters, die die westliche Tafel trägt: „Wir toten Flieger blieben Sieger durch uns allein! Volk, flieg Du wieder und Du wirst Sieger durch Dich allein!"
Ein Sturm von 20 m/sec brauste über die Halden der Rhön. Trotzdem startete Hackmack auf Messerschmitt S 14. Der flügelgesteuerte Eindecker erreichte in 2 Minuten ca. 300 m Höhe über dem Startpunkt, nach einigen Schleifen über dem Westhang nahm Hackmack in einer großen Linkskurve die Richtung Eube, Obernhausen und Heidelstein, wo er hinter einem Wald landete und leichten Bruch machte. „Der Flug ist als Fortschritt in der Lösung des Überlandproblems als größte Leistung des diesjährigen Wettbewerbs anzusehen", urteilt Ursinus. „Nach Thomsen und Tracinskis startete Standfuß auf dem „Erfurter Eindecker". Das Flugzeug wurde von den Böen arg geschüttelt und in das Tal von Abtsroda getrieben. Standfuß wußte bisher alle gefährlichen Lagen zu meistern. Dicht über dem Wald erfaßte ihn aber wieder eine so scharfe Böe, daß Flügelbruch eintrat und der Rumpf der Maschine aus ungefähr 30 m Höhe in einen Sumpf abstürzte. Herbeigeeilte Bauern zogen den Piloten

aus dem Sumpf heraus. Im Krankenhaus zu Tann ist er gegen Abend seinen schweren inneren Verletzungen erlegen. Max Standfuß war 26 Jahre alt und der hoffnungsvollste Segelflieger des Erfurter Vereins. Die Oberleitung, Ministerialdirektor Bredow, Prinz Heinrich, sowie mehrere Flieger überreichten Vertretern des Erfurter Vereins aus Rhönfichten und Blumen selbstgeflochtene Kränze."
Schöpfer des Flieger-Ehrenmals war der kunstsinnige Architekt Johannes Mosner aus München. Mosner wertete in der Sportleitung alle Flugergebnisse aus und sorgte für eine gerechte Preisverteilung. Ihm verdankt die Wasserkuppe auch den Bau der Fliegerringbaracke. Das Vorbild eines Lagerkommandanten war nach Meinung von Prof. Georgii Major Hailer, von seinen Freunden Hailer-Franzel genannt. „Er verstand es mit seinem schallenden Bajuwarenkommando, die Schläfer des morgens aus dem Stroh zu jagen und sie zur Arbeit an den Flugzeugen in Gang zu bringen. Dafür saß er aber auch am Abend im Kreise begeisterter Zuhörer und sang zur Zupfgeige die schönsten Schnaderhüpferl. Unterstützt wurde er hierbei von dem Lagerarzt Dr. Kochel, dem späteren Generaloberarzt der Luftwaffe, dessen unerschöpfliche Fülle von Schüttelreimen mindestens ebenso hoch geschätzt wurde, wie seine ärztliche Kunst."
Interessant, daß zu jener Zeit die Zuständigkeit für die Wasserkuppe in den Ministerien der benachbarten Länder Hessen und Bayern unklar war. Obwohl der Dreiherrenstein, an dem sich Preußen, Bayern und Thüringen berührten, 5 km von der Wasserkuppe entfernt lag, kümmerte sich Bayern in den ersten Jahren auch dienstlich um den Bereich Wasserkuppe. „Nicht umsonst hat die schönste und größte Unterkunft der Wasserkuppe jener Jahre den Namen „Fürther Baracke" geführt. Als ehemalige Lazarettbaracke war sie nach dem Krieg auf dem Flugplatz Fürth eingelagert und" – wie Georgii erzählt, „sogar von einem bayerischen Schupokommando unter Verletzung preußischer Hoheitsrechte auf der Wasserkuppe aufgebaut."

Aus jener Zeit haben sich die Namen auf der Wasserkuppe über Jahrzehnte erhalten, ohne daß die Flieger aus aller Welt, die zur Rhön kamen und kommen, ihre Entstehung kennen. Der Südhang der Wasserkuppe, der Pelznerhang, erinnert noch heute an die mutigen Gleitflüge des Nürnberger Pelzner, der dort mit seinem Hängegleiter tausendmal gestartet war. Am „Zuckerfeld“ flog jeder Flugschüler der Wasserkuppe seine B-Prüfung. Über diesem Gelände erflog sich Martens den berühmten Preis eines Zuckerfabrikanten während des Inflationsjahres 1922. Der „Bienenbaum“ am Pelznerhang war die Wendemarke während der C-Prüfung. Dort hatte sich nie und nimmer ein Bienenschwarm niedergelassen, sondern der Aachener Student Bienen genau auf diesem Baum einen mächtigen Bruch hingelegt.
Unter den Teilnehmern der ersten Wettbewerbe waren auch berühmte Konstrukteure der späteren Zeit. Aus Berlin kam mit der Akaflieg Kurt Tank, der als Student das schwanzlose Flugzeug „Charlotte“ gebaut hatte, getauft nach dem Namen seiner späteren Frau. Am Ende des Wettbewerbs zogen die Studenten aus Berlin ihre „Charlotte“ unter Führung von Tank im Fußmarsch nach Berlin. Dieser Student Kurt Tank wurde der berühmte Konstrukteur des Verkehrsflugzeuges Condor, des Jagdflugzeuges FW 190. Messerschmitt war nach dem Absturz von Harth zur Wasserkuppe übergesiedelt. Georgii erzählt, daß „die kleine Werkstattbaracke von Messerschmitt lange Zeit der beliebteste Aufenthaltsort an trüben Nebeltagen und in kalten stürmischen Nächten war. Messerschmitts tüchtiger Schreiner verstand nicht nur Kaltleim anzurühren, sondern konnte auch einen vernünftigen Kaffee und einen steifen Grog ansetzen. Diese Baracke war die Urzelle des späteren Mammutflugzeugwerks. Auf der Wasserkuppe begegneten sich die beiden Studenten Messerschmitt und Hentzen. Sie ahnten damals noch nicht, daß sie sich später als Männer in der Führung eines großen Flugzeugkonzerns wieder zusammenfinden würden.“ Wal-

ter Blume war mit dem „Vampyr" aus Hannover gekommen. Er trug den Pour le mérite des Ersten Weltkrieges. Von ihm erwartete jedermann, daß er fliegen konnte. Als er zum erstenmal in einem Segelflugzeug saß und die Startmannschaft nach dem Kommando „ausziehen – laufen!" schon den Hang hinabstürmte, ertönte plötzlich die Stimme von Blume: „Ja, Herrschaften, wollt ihr mir nicht endlich auch einmal klarmachen, was ich eigentlich zu tun habe? Ich habe schließlich noch niemals in einem solchen Kahn gesessen!" Walter Blume wurde später Direktor der Arado-Flugzeugwerke, Schöpfer des großartigen Reiseflugzeuges Ar 79.
Die beiden bedeutendsten Preise, der „Große Rhönsegelflugpreis 1923" und der „Preis für die größte Flughöhe" wurden im Wettbewerb 1923 nicht ausgeflogen. Der Wettbewerb konnte aus finanziellen Gründen nicht verlängert werden. Die beiden Hauptpreise aber wurden bis zum 30. September 1923 neu ausgeschrieben. Am 29. September gelang Botsch ein besonders guter Flug. Am Westhang kreiste Botsch auf „Konsul", Spies auf „Edith" und Martens auf „Storch". Kurz entschlossen ging Botsch von der Abtsrodaer Kuppe auf Strecke. Seine größte Höhe erreichte er über der Ebersburg und landete nach 18,9 km bei Kerzell – der große Rhönpreis gehörte ihm und dazu der neue Weltrekord im Segelflug. Am gleichen Tag flog Spies mit 1 Stunde und 17 Minuten den längsten Flug des Jahres in Deutschland.

Die Segelflugschule Wasserkuppe sicherte die Zukunft

Nach dem Wettbewerb 1923 gab es auf der Wasserkuppe erstmals einen offiziellen Ausbildungskurs. Schule und Schulung auf der Wasserkuppe, darüber hinaus aber in der gesamten Segelflugbewegung, sind untrennbar mit zwei Namen verbunden: Arthur Martens und Fritz Stamer. Beide waren Kriegsflieger, beide Jahrgang 1897, beide studierten nach Gefangenschaft in Hannover. Fritz Stamer wurde durch einen begeisterten Freund nach dem Rhönwettbewerb 1921 auf die Wasserkuppe gelockt, nicht ahnend, daß dieser Berg sein Schicksal werden sollte. Er kam und blieb. Fritz Stamer übernahm, als im Jahre 1921 der systematische Aufbau der jungen Segelflugbewegung begann, die Nachwuchsschulung, die zu den wichtigsten Aufgaben zählte – denn durch sie mußte die Zukunft gesichert werden. Stamer schuf die Methode und wirkte entscheidend an den Flugzeugen mit, die für die Methode der Einsitzerschulung notwendig waren. „Auf dem höchsten Punkt der Wasserkuppe stand ein Zelt", erzählt Stamer. „Es war vom Wettbewerb 1921 her stehengeblieben und beherbergte außer einigen Maschinenteilen einen großen Schrank. In diesem Schrank wohnten Lippisch und Espenlaub ... Wir hatten für unsere Schulungsversuche einige Maschinen aus dem Wettbewerb 1921 gekauft. Zum Anfängerschulen wurde der „Nürnberger Doppeldecker" verwendet. Wir alle machten unsere Segelfliegerprüfung auf dieser Maschine ... Wir hatten viel gelernt. Das Flugzeug mußte anders aussehen, die Schulungsmethode mußte entwickelt werden. Wir wohnten in Baracken, in denen früher in Rastatt Kriegsgefangene untergebracht waren ... Espenlaub hatte aus den Flügeln des ersten Falken von Lippisch einen Hängegleiter gebaut ... Lippisch selbst baute Modelle, vorwiegend schwanzlose Typen. Unermüdlich ließ er sie am Hang fliegen. Damals wußten wir noch nicht so recht, was wir davon halten sollten.

Mit dem letzten Start des Jahres 1921 verunglückte Kurt Student auf dem Stuttgarter Eindecker schwer. Als sich der Winter mit Nebel, Sturm und Schnee auf der Wasserkuppe meldete, zog Fritz Stamer nach Baden-Baden, um bei der „Weltensegler GmbH" Flugzeuge zu bauen. Lippisch und Espenlaub blieben als erste Überwinterer auf der Wasserkuppe. Im März 1922 kam Stamer mit den Weltenseglern und einem neuen Flugzeug wieder auf die Wasserkuppe. Dort war noch Winter. Lippisch und Espenlaub kamen ihm auf drei Schneeschuhen entgegen. In den Baracken lebte man mit Wolldecken und einem eisernen Kasernenofen. „Um die Wärme voll ausnutzen zu können, war das Ofenrohr an der Zimmerdecke herumgeführt, ehe es durch ein Loch in der Decke ins Freie führte ... In der Mitte waren zwei große Tische aneinandergeschoben. An diesen Tischen wurde gelesen, gegessen, gezeichnet, gefeilt und gehämmert ... Die Petroleumlampe schwankte über dem Tisch, der Schneesturm heulte um den Bau ... Es wurde April und wurde Mai 1922, und immer noch saßen wir in tiefem Schnee. Wir haben eine Aufgabe. Einer denkt jetzt an Flugzeuge, wie sie einst sein werden, ein anderer denkt an Schulung ... Geflogen und gebaut wurde viel in diesem Frühjahr. Aus dem weitspannenden Flügel, der durch die Wand gebaut war, war das Flugzeug ‚Alexander' geworden. Das Flugzeug ‚Roland' und eine schwanzlose Type ‚Feldberg' hatten wir mitgebracht. Espe hatte unter Anleitung von Lippisch einen schwanzlosen Sitzgleiter gebaut. Ich bearbeitete Steinmetz (der in Baden-Baden die ‚Segelflugzeugwerke Baden-Baden' aufgebaut hatte) eine Fliegerschule in Gang zu bringen und baute für die Schulung den Doppeldecker ‚Frohe Welt'. Dann kam der Wettbewerb 1922 ... Im Herbst konnte ich dann endlich schulen. Der Doppeldecker bewährte sich, und es ging voran. Inzwischen war die Inflation ausgebrochen. Lippisch und ich, wir waren allein auf der Kuppe." Mit ihnen die ersten Flugschüler. Es waren meist – Schweden. Sie waren in jener Zeit Valutafürsten und – gute Freunde.

Es wurde wieder einsamer auf der Wasserkuppe. „Wir hatten noch eine Maschine hinzu bekommen. Hangwind – wie Lippisch genannt wurde – hatte sie entworfen, und die Schweden hatten eifrig daran mitgebaut. Sie schlugen sich bei der ungewohnten Beschäftigung des Nagelns häufig auf die Finger. ‚Djävlaranamma' fluchten sie dann, und sie fluchten den ganzen

Tag. Wir haben die Maschine dann so getauft. ‚Hol's der Teufel' oder so ähnlich hieße das, hatten die Schweden auf Befragen mitgeteilt. In Gesellschaft schwedischer Damen haben wir dann bald darauf ein peinliches Schweigen mit unseren schwedischen Kenntnissen verursacht. Dieser Kernfluch hieße übersetzt unaussprechlich anders, wurde uns jetzt gestanden, doch wie, das wissen wir leider immer noch nicht, so daß wir auch auf Nachfrage keine Auskunft geben können. Die Maschine aber, die wir nun vorsichtshalber ‚Hol's der Teufel' nannten, flog ausgezeichnet, segelte bei wenig Wind, war einfach und billig und leicht zu bauen. Sie wurde zur Stammesmutter einer ganzen Gruppe ähnlicher Maschinen. Wir glaubten in ihr ein Übungsflugzeug geschaffen zu haben."

Im Winter 1922/23 blieben auf der Wasserkuppe in einer neu errichteten Baracke auch Max Kegel und Jägeler von der Luftpolizei. Diese Obrigkeit war vom Tun der von ihr Betreuten so angetan, daß sie selbst Segelflieger wurden.

In den Weihnachtstagen 1922 entwarf Stamer ein Flugzeug für Fortgeschrittene, die „Bremen". Lippisch und Stamer fertigten gemeinsam die Zeichnungen an. Der Bau wurde in Baden-Baden durchgeführt. „Wie oft haben wir das Holz für einen Maschinenbau in Gersfeld geschnitten und dann in mühsamen Märschen über die Eube zu Fuß auf die Wasserkuppe gebukkelt. Wie oft haben wir 6 m lange Leisten für Rumpf oder Flügelholm mit der stumpfen Säge von Hand aus der Bohle herausgesägt." Espenlaub war nach dem Rhön-Wettbewerb 1922 vom „Vampyr"-Fieber gepackt und „erklärte jede andere Flugzeugform für ausgemachten Unsinn. Der ernstzunehmende Mensch begann jetzt für ihn überhaupt erst bei 19 m Spannweite und näherte sich bei 30 m dem Übermenschentum. Espe sägte sich also ein größeres Bündel Dachlatten, mit denen eigentlich die Hallen abgedichtet werden sollten, zurecht und baute daraus, ohne Verwendung von nicht vorhandenem Sperrholz, die Holme für einen Freiträger von 19 m Spannweite. Die

Maschine bekam Räder, die aus runden Stuhlsitzen verfertigt waren. Espe hat mit der Kiste einen Weg gewiesen, der anderen den Mut gab, große Freiträger mit relativ niedrigen Holmen zu bauen. Wir sahen dann später zuerst beim ‚Konsul' und dann bei fast allen Leistungsmaschinen ähnliche Konstruktionsprinzipien verwirklicht. Daß das Flugzeug mit Militärbettbezügen bespannt war, die früher in der Kaserne in Fulda in Gebrauch waren und dann rot gestrichen wurden, mag wohl nur üble Nachrede gewesen sein."

Im Wettbewerb 1923 erlebte dann Fritz Stamer den ersten Erfolg seiner Idee, seiner Schulmethode. Der Schwede Bergvik wurde der erste reine Segelflugschüler. Er war nie Motorflieger gewesen, fing mit den Rutschern an und flog als erster Jünger der Rhön die Segelflugprüfung am Westhang der Wasserkuppe. Damit begann ein neuer Abschnitt in der Geschichte des Segelfluges.

Im Herbst 1923 hatte Lippisch in Schlitz in Oberhessen eine neue Maschine gebaut. Es war der flügelgesteuerte „Phönix". Nach einem Bruch blieb nur noch der Rumpf. Vom „Roland" waren nur noch die Flächen vorhanden. Stamer meint, „nichts lag näher, als aus dem Rumpf des ‚Phönix' und den Flächen des ‚Roland' das Flugzeug ‚Phönland' zusammenzustellen", das ebenfalls bald zu Bruch ging.

Nach den großen Erfolgen des Rhön-Wettbewerbes 1922 war der Segelflug in eine Krise geraten. Die Flieger der ersten Rhönjahre waren Motorflieger aus dem Weltkrieg. Ältere hatten sich inzwischen zurückgezogen. Viele andere widmeten sich dem wiedergenehmigten Motorflug. So galt es, eine neue, eine junge Generation von Segelfliegern heranzuziehen. Nach Stamers Überzeugung mußten die Schulflugzeuge so entwickelt werden, „daß der Anfänger gefahrlos nach der Methode der Alleinschulung geschult werden konnte, daß ohne große Schwierigkeit der Übergang auf leistungsfähigere Maschinen möglich war und daß die zum Schulen verwendeten Flugzeuge

Mit dem Erscheinen des Schwarzen Teufels war der 1. Rhönwettbewerb gerettet, die Flüge von Klemperer bewiesen die Richtigkeit der Idee.

Mit diesem Flug war der Segelflug im Aufwind am Hang Wirklichkeit geworden. Klemperer flog am 7. September 1920 im Hangaufwind von 15 bis 18 m/sek. eine Strecke von 220 m, blieb dabei 75 Sekunden in der Luft und erzielte erstmals mit einem motorlosen Flugzeug eine Startüberhöhung von 10 m.

1921 kam Klemperer mit der Blauen Maus zur Rhön. Das Flugzeug war nach den Erfahrungen mit dem Schwarzen Teufel besser konstruiert und auch gebaut. Klemperer flog am 30. August bis kurz vor Gersfeld und stellte mit diesem Flug einen Dauer- und Streckenrekord auf.

Vampyr, ein freitragender Hochdecker von 12,6 m Spannweite – Vater aller Segelflugzeuge. „Der Vampyr" – so urteilt kein Geringerer als der erfolgreiche Konstrukteur Hans Jacobs – „zeigte 1921/22 mit einem Schlag dem Leistungssegelflugzeug die Entwicklungsrichtung, und zwar in aerodynamischer wie auch konstruktiver Weise." Die Flugleistungen des Vampyr – hier im Start im Wettbewerb 1922 mit Arthur Martens – ließen die Welt aufhorchen. Das Flugzeug selbst fand Aufnahme im Deutschen Museum in München.

Den ersten Doppelsitzer in der Segelfluggeschichte baute der bekannte holländische Konstrukteur Antony Fokker. Mit Friedrich Wilhelm Seekatz flog Fokker 1922 Weltrekord von 13 Minuten in der Rhön.

Aus der Entwicklungsrichtung der Hannoveraner Studenten stammte der Doppelsitzer „Deutschland", mit dem Arthur Martens 1924 in der Rhön und auch in Asiago in Italien flog.

Pioniere des internationalen Segelfluges, v. l.: Otto Fuchs, Fritz Papenmeyer, Arthur Martens (28. November 1897 bis 16. November 1937), Oskar Ursinus (11. März 1877 bis 6. Juli 1952), hier als Teilnehmer am Wettbewerb 1924 in Asiago in Italien.

Zu den interessantesten Persönlichkeiten der Pionierzeit in der Rhön zählte der damalige Tischlergeselle Gottlob Espenlaub. Als Selfmademan wurde er einer der bekanntesten Konstrukteure der ersten Jahre. Das Bild zeigt den Start der Espenlaub 5 auf dem Westhang der Wasserkuppe über das Fliegerdenkmal hinweg. Espenlaub starb am 9. Januar 1972.

Ferdinand Schulz (18. Dezember 1892 bis 16. Juni 1929), Meister des Dauerflugs. Einziger Segelflieger, der die Weltrekorde im Dauer-, Strecken- und Höhenflug besaß.

Johannes Nehring (18. August 1902 bis 16. April 1930), unerreichter Meister des Streckenfluges im Hangaufwind. Inhaber mehrerer Weltrekorde.

Eine Sonderstellung unter allen Flugzeugen der Segelfluggeschichte nimmt die F. S. 3 des ostpreußischen Volksschullehrers Ferdinand Schulz ein. Die technische Kommission ließ diese Konstruktion 1922 im Rhönwettbewerb wegen mangelnder Baufestigkeit nicht zum Fluge zu. Ferdinand Schulz aber flog damit am 18. Mai 1924 über den Dünen von Rossitten (unser Bild) mit acht Stunden und 22 Minuten einen der erstaunlichsten Segelflug-Welt rekorde.

so billig waren, daß ein Schulbetrieb überhaupt tragbar war. So wurde aus dem Doppeldecker ‚Frohe Welt' über den ‚Pegasus' der ‚Zögling' für Anfänger. Aus dem ‚Hol's der Teufel' über den ‚Roland' die ‚Bremen', den ‚Prüfling', der ‚Falke' für Fortgeschrittene. Für Leistungsflieger wurde dann der ‚Professor' und später aus den Erfahrungen mit dem ‚Falken' der ‚Super-Falke' entwickelt. Grundsätzlich wurde die Methode auf das Sammeln eigener Erfahrungen durch den Schüler eingestellt."

Arthur Martens hatte 1922 seinen Diplom-Ingenieur gebaut, feierte in der Rhön mit dem ersten Stundenflug einen geschichtlichen Erfolg, blieb einige Zeit auf der Wasserkuppe, ging dann nach Hannover zurück, konstruierte den „Strolch" als selbständiger Ingenieur bei den Prometheus-Werken, heiratete im September 1923 und kehrte mit seiner jungen Frau zur Wasserkuppe zurück. Er hatte den Plan, auf der Wasserkuppe eine Segelflugschule aufzubauen. „Er hatte nicht nur den Plan", erzählt Stamer, „sondern als einziger damals auch das Geld. Da ich keine Aussicht hatte, bei den Weltenseglern meine Pläne zur Erfüllung zu bringen, ging ich auch fort, ging zu Arthur, um die Flugleitung der Schule zu übernehmen." Die Pläne entstanden im Winter. Gebaut wurde die Schule von Architekt Schneidewindt, unterstützt vom Inhaber der Möbelwerke in Fulda, Christoph. Es wurde das erste Zweckgebäude auf der Wasserkuppe. Als im Frühjahr 1924 der Schnee wich, begann der Bau, im Wettbewerb 1924 war er vollendet, und so begrüßte die Teilnehmer des 5. Rhön-Wettbewerbes vom 15. bis 31. August 1924 die „Martens-Fliegerschule" auf halber Höhe zwischen dem Fliegerlager und der Baude auf dem höchsten Punkt der Wasserkuppe. Sie wurde zum Inbegriff der Segelflugschulung und – des Rhöngeistes.

1924 gab es weitere Neuerungen: erstmals war eine Straße vom Tal bis zur Wasserkuppe gebaut und eine Quelle auf der Wasserkuppe als Wasserleitung gefaßt worden. Zur Verwunderung vieler wurde mit dem Segelflugtreffen ein Wettbewerb für

Segelflugzeuge mit Hilfsmotor verbunden. Glanzstücke unter den Segelflugzeugen waren nach wie vor „Blaue Maus", „Geheimrat", „Konsul", „Margarete", „Strolch" und „Max" und „Moritz". Unter den Teilnehmern hatte sich Gottlob Espenlaub inzwischen einen Namen gemacht. Für Flüge in Amerika war ihm viel Geld angeboten worden. Stattdessen aber arbeitete er im Winter 1923/24 in Grunau im Riesengebirge und hatte am 2. März einen glänzenden Flugerfolg erzielt. Bei 9 oder 10 m/sec Wind flog er über 50 Minuten über dem neuen Segelfluggelände. Die Landung erfolgte wegen der grimmigen Winterkälte. Es war bis dort der längste Flug eines Nicht-Motorfliegers im Segelflug.

War der Segelflug durch übertriebene Hoffnungen, durch Abwanderung bewährter Kräfte schon an sich in eine Krise geraten, so verschärfte der Wettbewerb 1924 diese Situation. Die Wetterverhältnisse waren so ungünstig, daß lediglich 117 Starts und 20 Starts mit Motor durchgeführt werden konnten. Es war unmöglich, die Hauptpreise auszufliegen. Die längste Strecke glückte Otto von der Akademischen Fliegergruppe Darmstadt am 24. August auf „Konsul" mit 12 km. Max Kegel erreichte auf „Roemryke Berge" 6,5 km und Martens auf „Moritz" 4,8 km. Den Zweisitzerpreis holte sich Otto Fuchs, ebenfalls von den Darmstädter Studenten mit 18 Minuten 54 Sekunden. In der Gruppe 2, offen für Segelflugzeuge mit Hilfsmotor, wurde Ernst Udet der große Sieger. Auf seinem „Kolibri" holte er sich den 1. Preis im Dauerflug, den Zielflugpreis und den Höhenpreis. Anerkennungspreise erhielten in dieser Klasse Blume auf „Habicht" und Martens auf „Windhund". Der „Kolibri" hatte einen 500-ccm-Douglas-Motor mit einer Motorleistung von 18 PS. Das Flugzeug hatte eine Spannweite von 10 m, eine Länge von 5,47 m, ein Leergewicht von 51 kg und eine Zuladung von 70 kg. Die Geschwindigkeit betrug 120 km/h, die Steigfähigkeit 1000 m in 8 Minuten, der Brennstoffverbrauch 6 lt/h. Am 29. August stellte Ernst Udet über der Wasserkuppe einen neuen Dauer-Weltrekord mit 4 Stunden und 39 Sekunden auf.

Die Rhön-Rossitten-Gesellschaft wies den weiteren Weg

Organisatorisch gab es 1924 wieder mehrere entscheidende Änderungen. Auf dem Luftfahrertag in Frankfurt wurde als oberste Behörde für die deutsche Luftfahrt der Deutsche Luftrat unter Vorsitz von Konsul Kotzenberg geschaffen. Deshalb löste sich die Segelflug GmbH auf. Im Deutschen Modell- und Segelflugverband gab es 1924 keinen präsidierenden Verein mehr, die Verbandsvorstandschaft konnte aus verschiedenen Vereinen sein. Präsident blieb Dr. Kotzenberg, Geschäftsführender Vorsitzender Prof. Dr. Georgii, der am 1. Oktober zur Deutschen Seewarte nach Hamburg ging. Man erkannte, daß der gute Wille allein nicht ausreichte, einen weiteren Fortschritt zu erbringen, daß vielmehr nur in Verbindung mit systematischer wissenschaftlicher Forschung, Verbesserung des Fluggerätes und mit methodischer Schulung der Segelflug zu größeren Erfolgen geführt werden könne. Um eine Zentralstelle zu besitzen, die in wissenschaftlicher, technischer und fliegerischer Hinsicht die Bewegung in die richtigen Bahnen zu führen vermöge, wurde im Anschluß an den Rhön-Wettbewerb 1924 mit Unterstützung des Reiches und des Preußischen Staates die „Rhön-Rossitten-Gesellschaft e. V." (RRG) gegründet. Präsident wurde Konsul Dr. Kotzenberg, Generalsekretär Graf Ysenburg.

Zu Beginn des Jahres 1925 stellte Prof. Georgii fest: „Nachdem der Segelflug das Leichtflugzeug gebracht hat, glaubt man am Ende mit weiteren Fortschritten im motorlosen Flug zu sein. Das Jahr 1925 wird uns hoffentlich eines Besseren belehren." Gleichzeitig wurde die Einführung der C-Prüfung mit 5 Minuten Flugdauer über Startstelle beschlossen. Damit war das für Jahrzehnte gültige ABC des Segelfliegens vollendet. Am 1. April wurde der Rhön-Rossitten-Gesellschaft ein Forschungsinstitut angeschlossen, das von entscheidender Bedeutung für den weiteren Fortschritt des Segelfluges werden sollte. Die Leitung wurde Prof. Dr. Georgii angeboten, der gleichzeitig an der Technischen Hochschule Darmstadt eine Professur für Flugmeteorologie annahm. Segelflug wurde damit nach seinen eigenen Worten zum Lebensschicksal. „Forschung im Interesse der Förderung eines Sportes gab es bisher noch nicht."

Der Rhön-Wettbewerb des Jahres 1925 wurde erstmals von der Rhön-Rossitten-Gesellschaft veranstaltet, „mit Genehmigung des Deutschen Luftrates und unter sportlicher Führung der Südwestgruppe des Deutschen Luftfahrtverbandes und des Deutschen Modell- und Segelflugverbandes, unter dem Ehrenschutz der WGL". Der Wettbewerb selbst wurde für die Zeit vom 31. Juli bis 31. August international ausgeschrieben, gegliedert in einen Wettbewerb für Jungflieger (Vorwettbewerb vom 31. Juli bis 10. August) und für fortgeschrittene Flieger (Hauptwettbewerb vom 11. bis 31. August), wie im Vorjahre mit einem Wettbewerb für Segelflugzeuge mit Hilfsmotor verbunden. Die Teilnehmer des Wettbewerbes erlebten erstmals ein festes Blockhaus auf der Wasserkuppe, errichtet auf den Fundamenten der ehemaligen Messerschmitt-Baracke, da die Unterkunftsräume nicht mehr ausreichten. Während des Wettbewerbes waren in diesem „Ursinus-Haus" für lange Jahre die Büros der verschiedenen Kommissionen untergebracht. Mit dem Gebäude wurde eine Restauranthalle für die Teilnehmer verbunden. Das Material für alle neuen Bauten war meistens gestiftet, so auch die 4 km Kabel, die zum Anschluß des Fliegerlagers an das Überlandwerk Rhön benötigt wurden. Eine große Flugzeughalle wurde rechtzeitig fertiggestellt, und auch der Baudenwirt auf der Höhe der Wasserkuppe hatte angebaut. So wurde das Fliegerlager zu einer dauernden Einrichtung vergrößert. 69 Meldungen lagen vor, darunter die Martens-Flugschule allein mit 14 Teilnehmern. Zur großen Freude waren sechs Teilnehmer des Sportrates der Gesellschaft der Freunde der russischen Luftflotte aus Rußland gekommen. Unter dem Vorsitzenden Mechonoschin flogen Sernow, Jungmeister (damals Inhaber des russischen Dauerrekordes), Kudrin, Arzenloff, Jacobschuk und Sergejew. An Flugzeugen hatten sie die „Rote Presnia“, „Feuerschlange“, „Moskau“, „Kpir“ und „Transkaukasier“ mitgebracht. Die Rhön 1925 war übrigens auch der einzige Wettbewerb, in dem Lippisch, genannt Hangwind, auf seiner Neukonstruktion „Hangwind“ mitflog.

Den Vorwettbewerb gewann Ferdinand Hoffmann – Darmstadt auf „Pegasus“ mit 588 Punkten, vor Schmidt – Elberfeld mit 587 Punkten. Hoffmann erzielte mit 1 Stunde und 20 Minuten auch die größte Gesamtflugdauer vor Schmidt mit 1 Stunde und 2 Minuten. Im Hauptwettbewerb siegte Martens auf „Moritz“ mit 2035,1 Punkten vor Espenlaub auf „Espenlaub 5“ mit 1674,5 Punkten und Nehring auf „Konsul“ mit 1274,8 Punkten. Die längste Flugdauer erzielte Peter Hesselbach auf „Margarete“ mit 185 Minuten vor Jungmeister auf „Transkaukasier“ mit 105 Minuten und Jacobschuk auf „Kpir“ 91 Minuten. Die größte Flughöhe über dem Westhang erreichte Nehring auf „Konsul“ mit 310 m vor Martens auf „Moritz“ und Hesselbach auf „Margarete“, für die beide 300 m vermessen wurde. Nachdem der Darmstädter Student Johannes Nehring, von seinen Freunden „Bubi“ genannt, auf „Konsul“ mit 21 km auch den Fernsegelflug gewann, wurde ihm die große DVL-Medaille für die besten Leistungen des Wettbewerbes zugesprochen. Den Zweisitzerpreis holten sich ebenfalls die Darmstädter Studenten mit einer Gesamtflugdauer von 235 Minuten, wobei Hesselbach mit 185 Minuten die beste Einzelleistung erzielte. Im Vorwettbewerb gab es 235 Starts, im Hauptwettbewerb 495. Die Flüge der Flugzeuge mit Motor blieben ohne Bedeutung. Eine Rarität für die Briefmarkensammler der Welt war die erste Segelflugpost Wasserkuppe–Gersfeld.

Die Krise 1924/25 wurde dadurch überwunden, daß es damals gelang, den Nachweis zu erbringen, daß der Segelflug keinen Ersatz für den Motorflug bildet, sondern eine Eigenstellung im Flugwesen einnimmt, die über die sportliche Einstellung hinaus auf seiner Bedeutung für die fliegerische Ausbildung und seinem einzigartigen Wert für die wissenschaftliche und technische Forschung beruht und ihn zu einem unentbehrlichen Glied der Gesamtluftfahrt hat emporsteigen lassen. Es war das unbestrittene Verdienst Prof. Georgiis, durch seine Forschungen dem motorlosen Flug zielbewußt einen neuen Weg gewiesen und ihn zu einem neuen Aufstieg geführt zu haben, und zwar so entscheidend, daß aus dem Stillstand der Segelflugbewegung ein stürmisches Fortschreiten seit 1926 geworden ist.

Von der Rhön nach Österreich, Italien und Rußland

Das Jahr 1925 schloß mit großen Erfolgen des deutschen Segelfluges in Rußland. Der erste Stundenflug 1922 löste in der ganzen Welt eine solche Bewunderung und Begeisterung aus, daß von da an Neugierige und ehrliche Anhänger aus aller Welt zur Wasserkuppe kamen. Andererseits erhielten die Flieger der Rhön Einladungen in viele Länder. Den österreichischen Freunden sagten sie als erste zu. Das war nach dem Rhön-Wettbewerb 1923. Martens, Stamer, Botsch, Spies, Espenlaub und Winter zogen mit ihren Flugzeugen zum Waschberg bei Wien. Martens, Botsch und Spies mit ihren Flugzeugen „Strolch", „Konsul" und „Edith" holten sich den Löwenanteil der Preise. Espenlaub ließ seine Flugzeuge von fremden Piloten fliegen. Nachdem sie einen Bruch nach dem anderen hinlegten, ließ er sich verärgert eines Morgens selbst starten und holte sich bei seinem ersten Flug – so unglaublich es klingen mag – gleich den 2. Streckenpreis.
Übers Jahr waren Deutschlands beste Segelflieger nach dem Rhön-Wettbewerb im Oktober 1924 nach Asiago zum italienischen Wettbewerb gekommen: Arthur Martens, Otto Fuchs und Fritz Papenmeyer. Ihre Erfolge wurden stürmisch gefeiert. Arthur Martens flog am Ende der Tage von Asiago auf „Moritz"

über dem Trichterfeld des Monte Siesemol nach Dueville mit 21,2 km einen neuen Weltrekord. Diese Erfolge und die Leistungen in der Rhön waren Grund genug, nun auch eine Einladung der Russen zu ihrem Wettbewerb auf der Krim anzunehmen. Es gab großartige Leistungen. Am 1. Oktober stellte Peter Hesselbach mit Passagier auf „Margarete" einen neuen Weltrekord für Doppelsitzer mit 5 Stunden und 52 Minuten auf. Ferdinand Schulz verbesserte auf „Moritz" seinen eigenen Dauerweltrekord auf 12 Stunden 6 Minuten. Er landete bei völliger Dunkelheit im Lichtschein eines Holzfeuers. Am 9. Oktober steigerte Bubi Nehring den Streckenweltrekord auf 24,4 km und erreichte dabei auf seinem „Konsul" auch die größte Höhe des Wettbewerbes mit 435 m.
Auf der Wasserkuppe brachte der Herbst 1925 nicht so viel Freude. Die Fliegerschule kam nicht mehr weiter. Sie ging am 1. Oktober in den Besitz der Rhön-Rossitten-Gesellschaft über. Arthur Martens blieb weiterhin Schulleiter, aber nicht lange. Dann ging er nach Hannover, Stamer nach Bremen und Lippisch nach Winterberg. Stamer stellt in seinen Lebenserinnerungen fest: „Die Wasserkuppen-Arbeitsgemeinschaft war gesprengt." Arthur Martens selbst wirkte nur kurze Zeit an der Technischen Hochschule Hannover und folgte 1926 einem Ruf der VDM nach Frankfurt. Ursinus hatte ihn geholt. Ursinus ergriff, wie Stamer berichtet, wiederum die Initiative und brachte Lippisch und Stamer wieder zusammen und wieder auf die Wasserkuppe. Stamer hatte in Bremen den „Zögling" konstruiert, Lippisch in Winterberg den „Prüfling". Stamer erzählt weiter: „Da holte mich eines Tages Ursinus telegrafisch nach Frankfurt, und Hangwind holte mich an der Bahn ab. Wir wurden von Ursinus in einen Raum gesperrt, und er erklärte, uns nicht eher freizulassen, bis jeder von uns seine Maschine werkstattreif gezeichnet hätte. Er erklärte dazu, daß die Amerikaner das im Kriege auch derart gemacht hätten und so den Liberty-Motor entwickelt hätten. Daher der Name Liberty!"

Der „Gewittermaxe“ überrascht die staunende Fachwelt

Für den Rhön-Segelflug-Wettbewerb 1926 vom 25. Juli bis 14. August waren Jungflieger mit der A- und B-Prüfung, für den Hauptwettbewerb Segelflieger mit der C-Prüfung zugelassen. „Der Wettbewerb sollte den Bau einfacher Segelflugzeuge fördern, der Weiterbildung der Jungflieger dienen und die Erkenntnisse der Segelflugmöglichkeiten erweitern.“ Erstmals war auch ein Ermunterungspreis für Segelflugzeugbau ausgeschrieben und im Wettbewerb mit dem Milseburgpreis der erste Zielflug mit Rückkehr.

Im Jungflieger-Wettbewerb holte sich den Preis für die Gesamtflugdauer die Akademische Fliegerschaft Marcho Silesia – Breslau vor Martens – Hannover und Heurich – Bamberg. Den Zielflugpreis gewann Martens vor Heurich. Höhepunkte des Hauptwettbewerbes brachten die Flüge am 12. und 13. August. Um die Ursprünglichkeit des Erlebnisses aus dem Zeitgeschehen zu verstehen, sei der Bericht von Oskar Ursinus aus seinem FLUGSPORT wiedergegeben: „Am 12. August startete Max Kegel um 3.17 Uhr trotz des aufkommenden Gewitters, um mit den bereits in der Luft befindlichen Schulz auf ‚Cöthen‘ und Weber auf ‚Witwe Bolte‘ um die großen Preise zu streiten. Inzwischen brach das Gewitter los. Blitze zuckten, der Donner grollte, ein Hagelschauer ging hernieder und mahnte Schulz und Weber, zu landen. Inzwischen stieg Kegel immer höher. Max Kegel ließ nicht locker; er wurde von den Gewittern arg hin- und hergeschmissen. Plötzlich verschwand er in den Wolken, ca. 300 m über der Kuppe. Das Gewitter und die Nebelschwaden zogen über die Kuppe hin und zwangen die Zuschauer, irgendwo Unterschlupf zu suchen. Von Max Kegel sah und hörte man nichts mehr. Er war verschwunden. Es folgten bange Stunden der Erwartung! Wo mag Max Kegel geblieben sein? Allen, die dieses Schauspiel miterlebt haben, wird es unvergessen bleiben. Man suchte telefonisch die nächsten Umgebungen ab. Nirgends war ein Flugzeug gesehen worden. Da, gegen 5.30 Uhr rasselte das Telefon, und Max Kegel meldete: „Ich bin hier bei Gompertshausen südlich von Meiningen gelandet. Flugzeug in Ordnung. Erbitte Sportzeugen, um den Ort der Landung feststellen zu können.“ Alles stürzte nach den in der Sportleitung aufgehängten Umgebungskarten und suchte Gompertshausen. Aber o weh! soweit reichte das Kartenmaterial nicht. Erst nach langem Suchen gelang es, bei einem Automobilfahrer eine Karte zu requirieren, aus welcher hervorging, daß Gompertshausen 54 km entfernt liegt. Ein lang anhaltendes Hurra-Rufen auf Max Kegel dröhnte durch das Lager. Inzwischen fuhren die diensttuenden Sportleiter nach der Landestelle.

Während des Abends wurde der Flug von den Gruppentischen lebhaft besprochen und die Vorbereitungen für Kegels Empfang getroffen. Eine Ehrenpforte aus Zeltstangen mit Fichtengrün geschmückt mit einem großen Plakat „Hurra! Gewitter-Maxe!“ entstand unter der begeisterten Mithilfe von vielen Händen blitzartig. Um 11 Uhr sollte Max Kegel mit den Sportleitern im Lager eintreffen. Keiner wollte es sich nehmen lassen, bei dem Empfang zugegen zu sein. Da endlich gegen 12.30 Uhr ertönte die Sirene. Alles stürzte nach der Ehrenpforte. Das ganze Lager bildete an der Straße Spalier. Im Schein der Magnesiumfackeln erstrahlten die von Begeisterung zeugenden Gesichter der Lagerbewohner. Der Vorsitzende der Oberleitung empfing Max Kegel mit zündenden Worten. Ein dreifaches Hurra!, wie es die Wasserkuppe noch selten erlebt hat, dröhnte durch die dunkle Nacht. Nach Absingen des Deutschlandliedes trug man Max Kegel nach dem Fliegerkasino, wo er mit bescheidenen Worten seinen Flug schilderte: ‚Wie ich in den Wolken verschwand, fühlte ich einen gewaltigen Auftrieb. Meine Maschine hatte ich vollständig in der Hand. Nach ca .15 Minuten sah ich wieder Land unter mir. Ich befand mich in sehr großer Höhe. Es können 2000 m gewesen sein. Dann setzte ich zum Gleitflug an, mir eine schöne Wiese suchend, wo ich dann glatt landete. So, nun bin ich wieder da.' Nach Verleihung des Segelfliegerabzeichens schloß der Empfang mit dem üblichen ‚Haltet aus!' Man suchte die Lagerstätten auf, um sich für den nächsten Tag zu neuen Taten zu rüsten.

Die genauen von der Sportleitung festgestellten und ausgegebenen Zeiten sind: Kegel startete um 3.17 Uhr bei 16 m/sec Windstärke und landete 1,2 km östlich von Gompertshausen nahe bei Hildburghausen um 4 Uhr. Entfernung 55,2 km, Flugzeit, wenn man die Zeit für die Höhengewinnung abrechnet, 35 Minuten. Kegel legte demnach die 55,2 km lange Strecke in ca. 100 km/h zurück.

Der nächste Tag, der 13., brachte wiederum einen großen Erfolg. Nehring, der bisherige Inhaber des Streckenweltrekordes in der Krim, startete um 3.30 Uhr um den Milseburgpreis. Nehring schraubte sich zunächst auf der Wasserkuppe etwa 320 m hoch und flog, die Berghänge sorgfältig nach Aufwind abschnüffelnd, nach der 5500 m entfernten Milseburg, wobei er noch um 300 m über die Milseburg hinausflog. Auf dem Rückweg verlor er ca. 440 m an Höhe. Indessen schraubte er sich an der Wasserkuppe wieder in die Höhe und landete dann 20 m unterhalb seines Startplatzes, kaum 300 m entfernt. Der Milseburgpreis war gewonnen!

Die herrlichen Erfolge des Rhön-Segelflug-Wettbewerbes 1926 sind in der Geschichte verzeichnet."

Weitere Prämien für sportliche Leistungen im Rhön-Wettbewerb 1926 erhielten Peter Hesselbach auf „Margarete", Wolf Hirth auf „Albert", Ferdinand Schulz auf „Cöthen", Weber auf „Witwe Bolte" und Gottlob Espenlaub auf „Espenlaub 10", ebenso Gäbler und Schöttge auf „Rhöngeist". Beide hatten erst kurz vorher am 10. Juli auf der Wasserkuppe als erste Nichtmotorflieger ihre C-Prüfung abgelegt. Nachdem 1926 auf der Wasserkuppe 18 weitere C-Flieger ohne jeden Unfall ausgebildet waren, hatte sich die neue Methode der Ausbildung endgültig durchgesetzt. Sie brachte eine neue Fliegergeneration und damit den neuen Aufschwung.

Die junge Generation hat sich durchgesetzt

Der Wettbewerb 1927 wurde erstmals in einen Schulungswettbewerb, Übungswettbewerb und Leistungswettbewerb unterteilt. Die Gesamtdauer wurde vom 31. Juli bis 14. August auf 14 Tage begrenzt. Unter den 71 Flugzeugen waren auch Gruppen aus West- und Süddeutschland gekommen. Die interessanteste Neuerung war die Führeranordnung: unter der Fläche, vor der Fläche und im Rumpf. Das beste Flugzeug brachte die Akaflieg Darmstadt mit der „Darmstadt“ mit. Durch den Franzosen Auger – Paris mit dem Flugzeug „Vautour“ hatte der Wettbewerb wieder eine internationale Beteiligung.
Die größte Gesamtflugdauer im Schulungswettbewerb erflog Schleicher – Poppenhausen auf „Hol's der Teufel“ mit 3 Stunden 30 Minuten vor Magersuppe, Pott und Wallischeck auf „Dörnberg“ mit 1 Stunde 23 Minuten und Schiedt – Stuttgart auf „Götz von Berlichingen“ mit 1 Stunde 9 Minuten. Der erfolgreichste Flugzeugführer im Übungswettbewerb war Thönnes – München auf „Münchner Kindel“, der mit 1 Stunde 39 Minuten den Preis für die Gesamtflugdauer und mit 205 m auch den Höhenpreis gewann. Der große Sieger des eigentlichen Rhön-Wettbewerbes war Bubi Nehring, der am 9. August auf der „Darmstadt“ 51,8 km nach Berka in der Nähe von Eisenach flog und dabei in unerreichter Weise die Hangaufwinde der Rhönberge und der Hänge des Thüringer Waldes ausnützte. Am 11. August umkreiste er als erster von der Wasserkuppe aus den Heidelstein und kehrte nach diesem erneuten Zielflug zur Wasserkuppe zurück.
1927 weilte ein großer Freund des Segelfluges zum letzten Mal auf der Wasserkuppe. Durch seine Persönlichkeit half er dem

Segelflug gerade in den ersten Jahren der Rhön. Es war Prinz Heinrich von Preußen. Georgii berichtet: „Es gab bis zum Jahre 1927 keinen Start, den Prinz Heinrich versäumt hätte. Auf der Rhön gab es keine Etikette gegenüber dem Prinzen, er gehörte einfach dazu, nicht als Bruder des Kaisers oder Hohenzollernprinz, sondern als einer aus der großen Fliegerfamilie." Prinz Heinrich, der vor dem Ersten Weltkrieg die Fliegerei hoffähig gemacht hatte, besaß den Flugzeugführerschein Nr. 9, den er bei Euler erworben hatte. In der Rhön stand er beim ersten Frühstart am Westhang, diskutierte in Fachkreisen und saß abends im Kreis der Flieger. Auch der Luftfahrtforschung galt sein Interesse. Als Ehrenvorsitzender der Wissenschaftlichen Gesellschaft für Luftfahrt nahm er an allen Jahrestagungen bis 1927 teil. 1924 hatte er einen Preis für Motorsegler ausgeschrieben, der nie ausgeflogen wurde. Von 1929 an, seinem Todesjahr, wurde dieser Preis für die größte Höhe des Rhön-Wettbewerbes ausgeschrieben und war seitdem als Prinz-Heinrich-Preis eine der begehrtesten Trophäen der Wasserkuppe.
Zu Forschungszwecken brachte die Rhön-Rossitten-Gesellschaft 1927 das schwanzlose Segelflugzeug „Storch" sowie das Versuchsflugzeug „Ente" heraus. Beide Flugzeuge waren von Lippisch als Leiter der Flugtechnischen Abteilung des Forschungsinstitutes der RRG konstruiert und wurden von Stamer und Nehring mit Erfolg geflogen. „Vom schwanzlosen Versuchsgleiter Lippisch-Espenlaub des Jahres 1921 erstreckt sich eine lückenlose Kette systematischer Fortentwicklung zur Industrie und zum Bau des ersten Raketenflugzeuges Me 163" (Georgii). In der Ausbildung wurde die Zahl der Flugschüler auf der Wasserkuppe nunmehr von Jahr zu Jahr größer. 1927 wurden auf der Wasserkuppe von März bis November 91 A-, 95 B- und 17 C-Prüfungen auf „Zögling" und „Prüfling" erflogen. Nach Vereinbarungen aller in Frage kommenden Verbände wurde die Ausbildung auf Rossitten und Wasserkuppe konzentriert. Nach dem Winter begannen die Schulungskurse wieder

am 1. März 1928. Die Schul- und Übungsflugzeuge „Zögling“ und „Prüfling“ wurden nunmehr in ganz Deutschland nachgebaut.

Ein Flug von welthistorischer Bedeutung

Der Sommer 1928 brachte auf der Wasserkuppe ein weiteres Ereignis, dessen historische Bedeutung damals nur wenigen Menschen bewußt wurde. Stamer erzählt: „Eines Tages kamen zwei Herren zu Hangwind und mir. Sie erklärten uns, daß sie ein Flugzeug nach Art der schwanzlosen Maschinen für einen ganz bestimmten Zweck benötigten.“ Dies war im Mai 1928. Einige Tage später erkannte Stamer auf einem Bild über die Raketenfahrten von Fritz von Opel auf der Avus in Berlin die beiden Herren wieder. Es waren die Raketenspezialisten Max Vallier und Friedrich Wilhelm Sander. Über den weiteren Verlauf berichtet Fritz Stamer: „Alles wurde vorbereitet, die Modelle wurden gebaut, und für die Flüge mit bemannter Maschine wurde das Flugzeug ‚Ente‘ hergerichtet. Wir hatten uns für die Sache zur Verfügung gestellt, da sie uns sehr interessierte. Die Modellversuche mit kurzbrennenden Raketen zeigten uns bei den hohen Schubleistungen wilde Figuren und teilweise außerordentliche Geschwindigkeiten. Dann sollten die Flüge mit bemannter Maschine beginnen. Wir legten Wert auf ganz systematisches, langsames Vorgehen und darauf, daß die Vorversuche unter strengem Ausschluß der Öffentlichkeit vor sich gingen . . . Der Schub der verfügbaren Raketen war zu groß, denn wir hatten errechnet, daß für unsere ‚Ente‘ ein Schub von 12 bis 15 kg für die ersten Flüge vollkommen ausreichen würde. Zwei Raketen wurden also in der Düse aufgebohrt, um diesen geringeren Schub zu geben. Es handelte sich bei diesen Raketen um etwa 50 cm lange Stahlzylinder mit einem Durchmesser von etwa 15 cm. Sie enthielten ungefähr 4 kg Sprengpulver in glashart

gepreßter Masse. Die Raketen hatten eine Brenndauer von je 30 Sekunden und wurden vom Führersitz aus elektrisch gezündet. Der Start sollte normal am Seil erfolgen, im Freiwerden vom Erdboden sollten dann die Raketen gezündet werden.
Fritz von Opel hatte den Einbau einer 360 kg schiebenden Startrakete beabsichtigt, eine Maßnahme, die wir aus Festigkeitsgründen und aus fliegerischen Gründen ablehnten.
Es folgte jetzt eine Reihe von Flügen über dem Motorlandeplatz bis zu einer Dauer von 80 Sekunden, da die ‚Ente' nur den Einbau von zwei Raketen gestattete, die nacheinander gezündet wurden. Nachdem alles zufriedenstellend verlaufen war, sollte nun der Steigflug mit Raketen von je 20 kg Schub vom Hang unternommen werden.
Der Start verlief glatt, die Rakete brannte, und ich empfand das sehr laute Zischen der aus der Düse schlagenden Stichflamme schon als völlig gewohnt, da gab es ungefähr zwei bis drei Sekunden nach dem Start einen ohrenbetäubenden Krach. Aus dem Krieg hatte ich gelernt, daß keine wesentliche Gefahr mehr bestand, wenn man sich nach dem Krach noch im Besitz sämtlicher Gliedmaßen befand. In dieser glücklichen Lage war ich zwar, aber der ganze Schlitten brannte lustig, und nach der Heftigkeit der Explosion zu schließen, mußte wohl die zur Festigkeit der Maschine wesentliche Flügelaufhängung leicht angeknistert sein. Ich beschloß also, den brennenden Vogel nicht etwa steil herunterzudrücken, sondern hübsch gemächlich abwärts schweben zu lassen, wobei zwei weitere Tatsachen stark zu meiner Beruhigung beitrugen. Erstens wußte ich, daß ungefähr ein Meter hinter mir in dem leichten Sperrholzgebäude die zweite Rakete mit vier Kilogramm Sprengpulver auf ihre Entzündung, mitten im Feuer liegend, wartete, und zweitens wurde es mir an der Sitzfläche erst gemütlich, dann drohend warm. Aus der explodierten einen Rakete waren faustgroße Pulverbrocken nach allen Seiten in die Maschine geflogen, und ein solcher Brocken lag unter meinem Sitz. Endlich war die Ma-

schine am Boden, und ich machte die schönste Landung meines Lebens, denn ich war stark abgeneigt, einen Bruch zu machen, bei dem ich dann vielleicht zwischen den brennenden Trümmern gelegen hätte, mit dem Bauch auf der zweiten Rakete, die sich durch die Erhitzung jeden Augenblick zum Losgehen entschließen konnte.

Kaum stand die Maschine, war ich auch schon draußen und sah an dem eisernen Raketenkasten hinten die Zündkabel brennen. Ich sagte mir, daß in dem Augenblick, in dem die Isolierung der Kabel völlig weggebrannt war, die Zündung der zweiten Rakete unbedingt erfolgen müsse. Ich versuchte noch die Kabel abzureißen, doch es war zu spät, die zweite Rakete ging los, doch zu meinem Glück brannte sie trotz der Erhitzung des Stahlmantels richtig aus und explodierte nicht. Das wäre mir, nachdem ich ganz dicht dabei stand, sicher sehr übel bekommen. Jetzt suchte ich einigermaßen Deckung und rutschte sitzend im nassen Gras herum, um meine schwelende Sitzfläche zu löschen und zu kühlen. Nachdem die zweite Rakete ausgebrannt war, rannte ich schleunigst wieder an unsere brave Kiste, um zu löschen. Inzwischen kamen auch atemlos die ersten Zuschauer angerannt, um löschen zu helfen. Die Maschine sah übel aus.

Abgesehen von den beträchtlichen, ehrenvollen Brandwunden war durch die Explosion tatsächlich der Hinterholmspant eingedrückt, so daß das vorsichtige Fliegen schon berechtigt war. Abends haben wir dann zur Feier dieses ‚welthistorischen Augenblicks', wie von Opel sich ausdrückte, ein größeres Feuerwehrfest in Gersfeld veranstaltet." Diese Flüge waren am 10. und 11. Juni 1928 auf der Wasserkuppe. Es waren die ersten Raketenflüge der Geschichte, der Anfang einer Ära, die 1969 mit der Landung auf dem Mond endete. Sicherlich ein Grund mehr, daß 1970 zur 50-Jahrfeier des Segelfluges auch Neil Armstrong aus den Vereinigten Staaten auf die Wasserkuppe kam . . .

Im Hangaufwind bis zum Thüringer Wald

Zum Rhön-Wettbewerb vom 1. bis 15. August 1928 trafen 105 Meldungen ein, darunter viele „Zöglinge“, „Prüflinge“ und „Hol's der Teufel“. 20 Zelte mußten aufgestellt werden. Unter den Flugzeugen des Leistungswettbewerbes seien hervorgehoben „Luftikus“ aus Berlin, „Württemberg“ aus Stuttgart, „Albert“ aus Fulda, „Westpreußen“ vom Westpreußischen Verein und die Neukonstruktion „Rhöngeist“ von Lippisch, die der Wiener Robert Kronfeld flog, der im Jahre vorher in Rossitten seine Ausbildung erfahren hatte und dort über den Dünen der Ostsee bei der C-Prüfung bereits den ersten Stundenflug eines Österreichers erreichte. Er sollte einer der großen Meister des Segelfluges werden, obwohl seine ersten Starts auf der Wasserkuppe alles andere als meisterlich waren. Seine Beurteilung hieß dort: „Fliegerisch langsam, auffallend langsam fortschreitend, aber von einer Energie, die schwerste Aufgaben meistern wird.“ Er bewies diese Energie bereits im Rhön-Wettbewerb 1928, vor allem am 6. August, mit dem bekannten Himmeldunkbergflug. Gegen 3 Uhr startete Kronfeld auf „Rhöngeist“. In niedrigster Höhe kreiste er 1,5 Stunden zwischen Pferdskopf und Abtsrodaer Kuppe. Fand dann Anschluß an eine Wolke, erreichte größere Höhe und flog die 7,2 km zum Himmeldunkberg. In nur wenigen Metern Höhe überflog er den Berg als Wendepunkt, arbeitete sich in dreiviertelstündigem Flug im Hangaufwind wieder bis zur Wolkenbasis, so daß er die Wasserkuppe nach 3 Stunden und 3 Minuten in 540 m Höhe erreichte. Nehring auf „Darmstadt“ nützte am gleichen Tage alle Hangaufwinde der südlichen Rhönberge aus, vor allem am Kreuzberg, begab sich dann auf Strecke und landete bei Rauenroth, 7 km nördlich von Kissingen, nach 27 km. Am 8. August überbot Bubi Nehring mit 71,2 km den bisherigen Weltrekord um 10 km – er nützte als unerreichter Meister des Hangaufwindes alle Berge der Rhön und des Thüringer Waldes aus und lan-

Die Rhön-Rossitten-Gesellschaft verlieh dem Segelflug entscheidende Impulse, sowohl in fliegerischer, in wissenschaftlicher wie konstruktiver Hinsicht. Das Bild zeigt maßgebende Männer der R.R.G. 1928 auf der Wasserkuppe, v. l.: Fritz Stamer (28. November 1897 bis 20. Dezember 1969), den weltberühmten Ozeanflieger Hermann Köhl und die Konstrukteure Alexander Lippisch und Hans Jacobs.

Am 14. Juni 1930 wurde auf der Wasserkuppe die Internationale Studienkommission für den Segelflug, kurz ISTUS genannt, gegründet. Durch sie wurde der Segelflug eine weltweite Sportbewegung. 1. Prof. Dr. Hoff, Berlin, 2. Gewerberat Holtmann, Köln, 3. Robert Kronfeld, 4. Mr. Gordon, England, 5. Prof. Dr. Walter Georgii, von 1930 bis 1945 Präsident der ISTUS, 6. Colonel The Master of Tempel, Präsident der Royal Aeronautical Society, London, 7. Oskar Ursinus, 8. W. Siemens, 9. George Abrial, Paris, 10. Oberleutnant Hemmer, 11. Miß Susi Lippens, Brügge, daneben ihr Vater, der damalige Verkehrsminister von Belgien. 12. Ein englischer Pilot, 13. Günther Groenhoff, 14. Capt. Nedham, London, 15. Oberstleutnant Bernard, Budapest, 16. Peter Riedel, 17. Graf Ysenburg, Generalsekretär der ISTUS, 18. Alexander Lippisch, 19. von Bedo, Budapest, 20. Fritz Stamer, 21. A. Haller, USA.

Sie machten den Segelflug weltberühmt, v. l.: Günther Groenhoff (7. April 1908 bis 23. Juli 1932), Robert Kronfeld (5. Mai 1904 bis 12. Februar 1948), Wolf Hirth (28. Februar 1900 bis 25. Juli 1959).

Das Fliegerlager auf der Wasserkuppe 1930.

Das formschönste Flugzeug seiner Zeit: der „Fafnir“ von Alexander Lippisch mit Günther Groenhoff beim Start auf der Wasserkuppe.

Mit der „Wien“ von Alexander Lippisch flog der Wiener Robert Kronfeld 1929/1930 von der Wasserkuppe aus mehrere Weltrekorde im Höhen- und Streckenflug.

Beim „Fafnir“ wurde zum ersten Male der Flugzeugführer vollkommen im Rumpf untergebracht. Für Günther Groenhoff blieb bei dieser ersten Bauausführung nur wenig Möglichkeit zur Sicht.

Ein weiteres berühmtes Trio der Segelfluggeschichte, v. l.: Heini Dittmar (30. März 1911 bis 28. April 1960), Pete
Riedel und Ludwig Hofmann.

Hanna Reitsch, die berühmteste Fliegerin in der Segelfluggeschichte. Sie flog von 1932 bis 1972 zahlreiche Re
korde und Wettbewerbserfolge.

dete bei Schnellmannshausen, 15 km nördlich von Eisenach. Wolf Hirth flog 41 km, Kegel 32 km, Ferdinand Schulz 20 km. Edgar Dittmar erreichte beim Durchfliegen einer Thermikblase auf „Albert" die neue Weltbestleistung von 775 m Höhe, flog nach Süden und landete nach 34 km auf dem Flugplatz von Kissingen. Am 9. August kam Schulz auf 33 km, Hirth auf 23 km; Bachem gelang der Himmeldunkberg. Der Rhön-Dauerrekord wurde in diesem Wettbewerb mehrfach überboten. Pomnitz auf „Ebersbach" blieb 4 Stunden über der Wasserkuppe. Edgar Dittmar auf „Albert" 4,5 Stunden, Erich Bachem flog 5 Stunden 22 Minuten und Kronfeld stellte am 14. August mit 7 Stunden und 54 Minuten einen neuen Rhön-Dauerrekord auf. Am 10. August flogen Kronfeld und Hirth erstmals nach Osten und erreichten 41 bzw. 34 km. Der 9. Rhön-Wettbewerb übertraf an Leistungsflügen alle bisherigen Wettbewerbe.
Im Schulungswettbewerb wurden 815 Starts durchgeführt. Die Gesamtflugdauer gewann Poppenhausen mit 7 Stunden 17 Minuten vor Mecklenburg 3 Stunden 8 Minuten. Ermunterungspreise erhielten Krause, Hurttig, Wallischeck und Konrad. Im Übungswettbewerb mit 131 Starts holte sich Kronfeld den Preis für die Gesamtflugdauer mit 24 Stunden 39 Minuten, vor Bachem mit 15 Stunden 8 Minuten. Beide siegten auch mit ihren Rekordflügen im Kampf um den Dauerpreis. Im Leistungswettbewerb mit 61 Starts gewann Nehring den Fernsegelflugpreis mit 71,2 km. Den Ehrenpreis der Rhön-Rossitten-Gesellschaft aber erhielt Kronfeld für den Himmeldunkflug und dem Streckenforschungspreis über 41 km.

Neue Möglichkeiten ...

Die überraschenden Ergebnisse der Wettbewerbe 1926 und 1928 öffneten neue Wege. Man wollte und mußte weg vom Hang. Nehrings Milseburgflug und Kegels unfreiwilliger Gewitterflug von 55,2 km im Wettbewerb 1926 eröffneten Möglichkeiten, die der Segelflugforschung neue Aufgaben stellten. Durch ihre Erkenntnisse und die fliegerische Erprobung in der RRG wurden die meteorologischen Grundlagen des Leistungssegelfluges erschlossen. War Kegels Flug der erste, der unabhängig vom Gelände allein durch Aufwind der freien Atmosphäre durchgeführt wurde und damit den Anstoß zum späteren Wolken- und Gewitterflug gab, so hatten Nehrings Schwachwindflüge ebenso zukunftsweisende Bedeutung. Durch seine Stundenflüge bei 3 bis 4 m/sec oder gar nur 1 bis 2 m/sec wurde endlich das Vorhandensein von thermischen Aufwinden nachgewiesen. Wenn bis zum Jahre 1928 thermische Segelflüge nicht durchgeführt worden sind, so lag dies im wesentlichen daran, daß man bisher noch keine genauen Kenntnisse über die Stärke und Verbreitung der thermischen Aufwinde besessen hat. Durch die Forschungsarbeiten in Darmstadt mit Motorflugzeugen, ausgewogenen Pilotballonen und dann mit Segelflugzeugen ist es im Jahre 1928 gelungen, den Wolkensegelflug zu erschließen, der die bisherige Methode des Segelfluges auf eine vollkommen neue Grundlage gestellt und hierdurch eine gewaltige Steigerung der Segelflugleistungen ausgelöst hat. Als Wolkensegelflug bezeichnen wir den thermischen Segelflug in aufsteigenden, relativ warmen und feuchten Luftmassen, die über ihre Kondensationshöhe hinausgehoben werden und so die Veranlassung zur Bildung von Cumuluswolken geben. Die gewonnenen Erkenntnisse dieser Jahre wurden von einigen Pionieren unter den Flugzeugführern ausgewertet und waren in wenigen Jahren Allgemeingut unserer Segelflieger. Georgii schreibt: „Damit war eine neue Epoche des Segelfluges angebrochen, die eine geradezu stürmische Steigerung der Leistungen und in weiten Teilen der Welt eine neue Welle der Segelflugbegeisterung auslöste. Die Rhön-Wettbewerbe der folgenden Jahre zeigten die vielseitigen, neuen Möglichkeiten des thermischen Segelfluges. Dem ersten Flug unter der Wolke folgte unmittelbar der Flug in den Wolken, der neue Überraschung über bisher unbekannte und unerwartete Aufwindgeschwindigkeiten brachte, die es den Segelflugzeugen ermöglichte, mit der Steiggeschwindigkeit von Jagdflugzeugen in wenigen Minuten auf 3000 m zu steigen und Flugstrecken von 150 km und mehr zurückzulegen. Dem Wolkensegelflug folgte der Frontsegelflug, der Streckenflug vor der heraufziehenden Gewitterfront. Diese Frontsegelflüge der Jahre 1929/30 stehen mir heute noch als spannendes und geradezu dramatisches Ereignis vor Augen."

„Veronika, Veronika – die Front ist da; die Flieger singen tralala . . ."

Robert Kronfeld, der Sieger des Rhön-Wettbewerbes 1928, beherrschte die sportlichen Leistungen des Segelfluges in den nächsten Jahren. Er flog an der Wende vom Hangsegelflug zum Wolken- und Thermikflug. Er flog Weltrekorde im Hangwind, vor allem aber dann, „in Thermikschläuchen und vor Gewitterfronten und wurde so Schrittmacher einer neuen Vorwärtsentwicklung" (Stamer). „Seine Flugvorbereitungen waren seine persönlichen Geheimnisse, streng bewahrt vor den übrigen Wettbewerbskameraden" (Georgii).
Nehring hatte im Wettbewerb 1928 an den Hängen der Rhön 71,2 km geflogen. Im Herbst schrieb die GRÜNE POST einen hohen Preis für den ersten Flug über 100 km aus. Er versetzte, wie Kronfeld schrieb, die erfolgreichsten Segelflieger „eingestandener oder auch uneingestandener Maßen in heftige Aufregung". Nehring glaubte das Ziel am Schwarzwald zu erreichen, Kronfeld wählte sich den Teutoburger Wald aus. Nehring stellte am 25. April 1929 entlang der Bergstraße mit 72,3 km eine neue Weltbestleistung auf. Kronfeld schaffte nach einigen vergeblichen Versuchen am 15. Mai an den Hängen des Teuto-

burger Waldes den ersten Flug der Segelfluggeschichte über 100 km. In niedriger Höhe nützte er die verhältnismäßig schmalen Aufwindfelder des Hangaufwindes aus. Aber immer wieder mußten Wolken helfen, bei Longrich, bei Iburg, bei Rothenfelde und über den Wäldern um das Hermannsdenkmal. Mit letztem Einsatz mußte er sich „unter den Cumuluswolken entlang mogeln". Am Ende seiner körperlichen Kraft, aber überglücklich, landete er nach 102,2 km.
Dann galt sein ganzer Einsatz dem Wolken- und Gewitterflug. Im Rhön-Wettbewerb 1929 verbesserte er am 20. Juli seinen eigenen Weltrekord mit dem Flug Wasserkuppe–Hermsdorf auf 143 km, zehn Tage später auf der Strecke Wasserkuppe–Lienlas bei Bayreuth auf 150 km und übers Jahr, am 24. August 1930, mit einem Gewitterflug nach Marktredwitz auf 164 km. In diesen Wolkenflügen erreichte er gleichzeitig die neuen Weltrekordhöhen von 2025 und 2560 m. Das war die große Zeit von Robert Kronfeld. 1931 und 1932 flog er in fast allen Ländern Europas. Georgii schließt seine Betrachtungen über Kronfeld: „Nachdem er beim Forschungsinstitut die hohe Schule des Segelfluges kennengelernt hatte, stellte er sich auf eigene Füße und fand eine zweite Heimat, aber auch den Tod in England" (1948). Die Glanzleistungen von Kronfeld wurden abgelöst durch den unerschrockenen Einsatz von Günther Groenhoff. Ehe aber dieses Idol der Fliegerjugend gewürdigt werden soll, zuvor noch chronologisch den 10. Rhön-Segelflug-Wettbewerb 1929 vom 18. Juli bis 1. August. Aus finanziellen Gründen wurde der bisherige Schulungswettbewerb gestrichen und auch die Teilnehmerzahl im Übungs- und Leistungswettbewerb auf 40 Flugzeuge beschränkt. Im Übungswettbewerb siegte um den Preis der Gesamtflugdauer Rudolf Neininger – Darmstadt mit 24 Stunden und 13 Minuten vor Benno Hurttig auf „Herkules" mit 17 Stunden und Hermann Mayer – Aachen auf M 1 mit 16 Stunden und 9 Minuten. Mayer und Neininger hatten am 30. Juli den Rhön-Dauerrekord auf 8 Stunden und 22 Minuten und

8 Stunden und 26 Minuten verbessert. Den Preis der größten Höhensumme gewann Bedau auf „Luftikus“ mit 4930 m vor Erich Bachem auf „Württemberg“ mit 3414 m und Rudolf Neininger auf „Darmstadt“ mit 2724 m. Im Leistungswettbewerb erreichte Günther Groenhoff mit Passagier 33,3 km, Wolf Hirth umrundete auf „Lore“ den Schweinsberg und kehrte zur Wasserkuppe zurück, flog ferner 40,8 km bis in die Nähe von Meiningen und 28,6 km nach Neustadt/Saale. Robert Kronfeld aber gewann mit seinen Rekordflügen die Fernsegelflugpreise und auch den „Prinz-Heinrich-Preis“, der von diesem Wettbewerb an jeweils für die größte Höhe vergeben wurde.

Ferdinand Schulz – Johannes Nehring

In den Jahren 1929/30 verlor der deutsche Segelflug im Zeitraum von neun Monaten seine beiden bedeutendsten Piloten des ersten Jahrzehnts. Am 16. Juni 1929 stürzte Ferdinand Schulz mit seinem Kriegskameraden Bruno Kaiser über Stuhm bei der Ehrenrunde anläßlich der Enthüllung eines Ehrenmals für die im Weltkrieg Gefallenen tödlich ab. Der Kranz, den er über ihrem Denkmal abwerfen wollte, wurde ihm auf den Sarg gelegt. Ferdinand Schulz, geboren am 18. Dezember 1892 in Waldensee, gehörte zu den Pionieren des Segelfluges, ein Segelflieger des Willens und der körperlichen Energie. Vom Weltkrieg zurückgekehrt, begann er in seiner ostpreußischen Heimat mit primitivsten Mitteln motorlose Flugzeuge zu bauen. Die F. S. 1 machte restlos Bruch. Mit dem Hängegleiter F. S. 2 gelang ihm eine Reihe von Gleitflügen. Mit ihm kam er 1921 zur Rhön, konnte aber die Leistungen von Willy Pelzner nicht erreichen, da er viel größer und schwerer war als dieser. 1922 erschien er dann wieder auf der Wasserkuppe mit einem eigenartigen Flugzeug, das primitiv zusammengebastelt war und deshalb allgemein als „Besenstielkiste“ bezeichnet wurde. Man verbot ihm den Start. Verärgert kehrte er nach Ostpreußen zurück – und am 8. Mai 1924 flog er mit dieser F. S. 3 mit ihrer schwierigen Klappensteuerung im Dünenaufwind von Rossitten neuen Weltrekord mit 8 Stunden und 42 Minuten, eine Leistung, die vom sportlichen Standpunkt noch heute unerreicht ist. Der ostpreußische Volksschullehrer war durch diesen Flug in aller Welt bekannt geworden. 1925 gehörte er zu den deutschen Teilnehmern beim russischen Segelflug-Wettbewerb auf der Krim. Am 2. Oktober flog er dort mit 12 Stunden und 6 Minuten einen neuen Dauer-Weltrekord. 1926 blieb er am 3. Juni mit einem Passagier in der „Cöthen" 9 Stunden und 21 Minuten über Rossitten in der Luft – neue Weltbestleistung. Am 3. Mai 1927 verbesserte er den Dauer-Weltrekord, den er seit Mai 1924 innehatte, über Rossitten auf 14 Stunden und 7 Minuten. Wenige Tage später segelte er am 14. Mai von Rossitten der Dünenkette entlang und landete nach 60 km bei Memel. Damit hatte er auch den Strecken-Weltrekord überboten. Im Winter 1928 erprobte er das Segelfluggelände von Grunau im Riesengebirge, segelte an den Ostertagen über 1 Stunde und erreichte mit 652 m Höhe eine neue Höhenrekordleistung. Zugleich hatte er mit diesem Flug die Anerkennung des dortigen Geländes erreicht. – Unter den Bäumen des Waldfriedhofes in Heilsberg schmückte ein schlichter Gedenkstein sein Grab. Über den Daten seines Lebens war das Relief seiner weltberühmten Besenstielkiste eingehauen.

Am 16. April 1930 stürzte Johannes Nehring bei seinem allmorgendlichen Wetterflug über Darmstadt tödlich ab. Er durchstieg tiefhängende Wolken, die Instrumente vereisten, und als er im Sturzflug in niedrigster Höhe das Flugzeug abfing, zerbrachen die Flächen. Bubi Nehring, geboren am 18. August 1902 in Graudenz, blieb der unerreichte Meister im Hangaufwind von Berg zu Berg. Er war der erste, der sich vom Hang löste. Er verstand es, durch hervorragende Ausnützung aller an Berghängen sich bietenden Aufwindmöglichkeiten Höhe zu gewinnen und auf diese Weise auch die zwischen den Hängen liegenden Täler zu überqueren. Während des Wettbewerbs in Rossitten 1925 legte er die C-Prüfung ab, und schon im Rhön-Wettbewerb des gleichen Jahres gehörte er zu den erfolgreichsten Teilnehmern. Im Oktober wurde er in der Krim mit der neuen Weltbestleistung von 24,4 km und einer Höhe von 435 m zweifacher Sieger. Im Wettbewerb 1927 flog Nehring im reinen Hangsegelflug 51,8 km von der Wasserkuppe nach Herda bei Berka. Dieser Flugweg war bald als Nehring-Strecke bei den Rhönfliegern bekannt. In der Rhön erzielte er 1926 und 1928 die weitesten Strecken und schaffte als erster den außerordentlichen Flug zur Milseburg und zurück.

„Johannes Nehring war wohl von allen erfolgreichsten Segelfliegern einer der stillsten und bescheidensten. Als Mitglied der Akademischen Fliegergruppe Darmstadt mußte er seine Begeisterung für den Segelflug erst durch eine hohe Zahl von Arbeitsstunden unter Beweis stellen, bis er vom Jahre 1925 an schnell als der überlegene, ja geniale Hangstrecken-Flieger bekannt wurde. Dann führte er den ersten aller thermischen Segelflüge in unserem Kleinflugzeug über dem Flugplatz Darmstadt durch, ebenso wie er auch als erster eine Gewitterwolke aus der Höhe von 5000 m bis herab auf 1300 m durchflog und die ersten zuverlässigen Beobachtungen für die in Gewittern herrschenden Vertikalbewegungen und damit für die späteren Segelflüge in Gewitterwolken mitbrachte" (Georgii).

Im Wettbewerb verbesserte er außerdem auf der gleichen Strecke bis zum Thüringer Wald auf 71,2 km. Mit Freude holte ihn seine Darmstädter Gruppe zurück. „Nun ist er etwas verlegen", erzählt Stamer, ob der Glückwünsche von allen Seiten. Es ist nichts Besonderes, meint er, nur arbeiten muß man vorher. Man muß Flugwege ausarbeiten nach der Karte, für jede in Frage kommende Windrichtung. Nicht ins Blaue hineinfliegen, sondern eine genaue, bis in alle Einzelheiten ausgearbeitete Marschroute haben. Flugstrategie! Bubi Nehring! Eisern gegen sich selbst, ein bescheidener lieber Mensch, ein treuer, allezeit lustiger Kamerad und ein gottbegnadeter Flieger, so steht er in unser aller Gedächtnis."

Wie kam es zu den Segelflug-Weltrekorden?

Hier muß noch ein klärendes Wort über die Rekorde im Segelflug und ihre Anerkennung durch die FAI gesagt werden, da die bis heute gültige Entscheidung auf der FAI-Sitzung 1929 in Kopenhagen gefallen ist. Die FAI führte als die oberste Luftsportbehörde der Welt sehr bald schon auch Rekorde für den Segelflug. Da Deutschland nach dem Ersten Weltkrieg der FAI nicht angehören durfte, wurden der Dauerflug von Massaux – Frankreich 1923 mit 10 Stunden und 29 Minuten, ein Höhenflug von Descamps – Frankreich in Biskra 1923 mit 546 m und der Streckenflug des Italieners Cattanio mit 10,5 km anerkannt. Deutschland wurde am 12. Oktober 1926 wieder in die FAI aufgenommen. Kurz darauf entschied die FAI in Zürich, daß Segeflugrekorde an das Gelände gebunden seien, und so wurden in den nächsten Jahren die verschiedensten Rekorde für viele Gelände anerkannt. Die genannten Leistungen aber blieben in der Liste der FAI als Weltrekorde bestehen, obwohl sie in Deutschland bereits mehrfach und um ein Vielfaches überboten worden waren. Der Deutsche Luftrat hat daher für die FAI-Sitzung 1929 in Kopenhagen beantragt, daß in Zukunft die besten Leistungen unabhängig vom Gelände wiederum international anerkannt und geführt werden sollen. Bei den inzwischen erreichten großen Entfernungen und Höhen spiele der lokale Charakter des Startplatzes keine Rolle mehr. Der Antrag wurde einstimmig angenommen. Daraufhin wurden sämtliche internationalen Rekorde der Klasse D Deutschland zugesprochen. Deutschland besaß von da an durch Ferdinand Schulz mit 14 Stunden und 7 Minuten den Dauerrekord, durch Johannes Nehring mit seinem Flug vom 25. April 1929 über 72,2 km den Streckenrekord und mit 1209 m auch den Höhenrekord. Sie wurden 1929 von Robert Kronfeld für Österreich verbessert. Die Rekordliste, die bis 1945 fast nur deutsche Namen kannte, dann aber Namen aus aller Welt, ist im Anhang vollständig wiedergegeben.

Ab 1930: Internationale Studienkommission ISTUS

Ab 1928 hielt der Leistungsanstieg bis in unsere Tage an. Es gab keinen Rückschritt mehr. Der Segelflug eroberte sich in diesen Jahren von der Rhön aus die Welt. Vom 8. bis 10. März 1930 gab es in Darmstadt die erste internationale wissenschaftliche Segelflugtagung. Am Ende dieser Vorträge fuhren die Teilnehmer zur Wasserkuppe, und dort erfolgte der Zusammenschluß der anwesenden Vertreter aus Frankreich, Belgien, Holland, Italien, Ungarn, den Vereinigten Staaten und Deutschlands zur „Internationalen Studienkommission für motorlosen Flug“ (ISTUS), um eine enge Zusammenarbeit dieser Länder in wissenschaftlicher und sportlicher Hinsicht auf dem Gebiet des Segelfluges herbeizuführen. Die offizielle Gründung erfolgte am 14. Juni 1930. Jedes Land war durch vier Mitglieder in der Studienkommission vertreten; Deutschland durch Prof. Georgii, Oskar Ursinus, Prof. Dr. Hoff und von Hoeppner, beide Berlin. Präsident wurde Prof. Dr. Walter Georgii, der es bis zur Auflösung der ISTUS am Ende des Zweiten Weltkrieges 1945 blieb. Vizepräsidenten wurden bei Gründung Ing. Massenet – Paris, Präsident der französischen Segelfluggesellschaft Avia, Major Massaux – Lüttich, der belgische Segelflug-Rekordmann und The Master of Sempill, Präsident der Royal Aeronautical Society. Generalsekretär wurde Dr. Graf Ysenburg. Damit begann die Erarbeitung der wissenschaftlichen und technischen Grundlagen des Segelfluges auf internationaler Basis. „Die ISTUS sollte die Tradition des Segelfluges wahren, bei der sich eine lebendige Zusammenarbeit zwischen Theorie und Praxis ergibt, zwischen Hochschullehrer und Studenten, Flieger und Konstrukteur, so daß der grüne Hang zum Hörsaal wird und Flug und Forschung sich gegenseitig durchdringen" (Georgii). Ihre Idee und ihre Arbeit wurden 1948 fortgesetzt von der neugegründeten OSTIV. ISTUS und OSTIV haben über Jahrzehnte dem Segelflug der Welt entscheidende Impulse verliehen. Selten wurden in einer internationalen Gesellschaft so offen alle neuen wissenschaftlichen und technischen Errungenschaften dargelegt, wie dies im Segelflug der Fall war. Auf der zweiten Konferenz am 1. August 1931 in London beschloß man die Einführung des Deutschen Segelfliegerabzeichens als einheitliches Abzeichen für die Segelflieger in aller Welt – und so ist es geblieben bis heute. Gleichzeitig führte auch die FAI eine Kommission für den Segelflug innerhalb ihrer Weltorganisation ein, deren Vorsitz ebenfalls Prof. Georgii übertragen wurde. Von den Jahresversammlungen der ISTUS sei die Tagung 1935 in Berlin-Dahlem genannt, die Generalversammlung 1936 in Budapest, wo die Förderung des Kunstfluges, die Intensivierung des Alpensegelfluges und die Pflege des Wandersegelfluges besprochen wurden. Bei der Tagung 1937 in Wien und Salzburg nahmen bereits 18 Nationen teil. Die Tage von Salzburg brachten die ersten Segelflüge über die Alpen. Sie wiederholten sich 1938 bei der Tagung in Bern. Die letzten Tagungen in Warschau und Krakau fielen 1939 bereits in die Zeit politischer Hochspannung.

1930: Auf der Wasserkuppe wurde nun das ganze Jahr geflogen

In der Rhön verbesserte am 21. Juli 1930 Hasso Hemmer auf „Schloß Mainburg" die Rhön-Dauerleistung auf 9 Stunden und 35 Minuten. Er landete bei völliger Dunkelheit. Auf der Wasserkuppe wurde nun das ganze Jahr geflogen. Zum Wettbewerb 1930 kamen 42 Teilnehmer vom 9. bis 24. August. Es war der erste Wettbewerb, bei dem es fast nur noch Leistungssegelflugzeuge gab. Das Können der Teilnehmer war so ausgereift, daß es zu keinem einzigen Bruch kam. Nach den Leistungen der letzten Jahre und nach der Gründung der ISTUS war 1930 der internationale Besuch besonders stark. Interessenten aus fast allen Ländern Europas kamen zur Wasserkuppe. Im Übungswettbewerb gewann Kurt Starck auf „Darmstadt" die Gesamtflugdauer mit 27 Stunden und 28 Minuten vor Bedau – Berlin auf „Luftikus" mit 24 Stunden und 35 Minuten. Im Kampf um die Höhensumme blieb Bedau Sieger vor Starck. Bedau gewann auch den Prinz-Heinrich-Preis, nachdem er am 24. August 1640 m Höhe erreicht hatte. Am gleichen Tage gelang Robert Kronfeld der bereits erwähnte Streckenrekord nach Marktredwitz. Da er auch den Fernzielflugpreis mit der Umrundung des Kreuzberges gewann, erhielt Robert Kronfeld auch den erstmals gestifteten Hindenburg-Pokal für Segelflug für die besten Leistungen im Rhön-Wettbewerb 1930.

Der einmalige Gewitterflug von Günther Groenhoff

Das Flugjahr 1931 begann mit einer großartigen Leistung von Günther Groenhoff. Auf einem Flugtag in München sollte er die neue Startart des Flugzeugschlepps vorführen. Kaum hatte er

Am 1. August führte die ISTUS für die Segelflieger in aller Welt das auf der Wasserkuppe entstandene deutsche Segelfliegerabzeichen als einheitliches Abzeichen ein. Von links die A, B, und C und dann das 1931 neu geschaffene internationale Leistungsabzeichen mit Silber- oder Goldkranz.

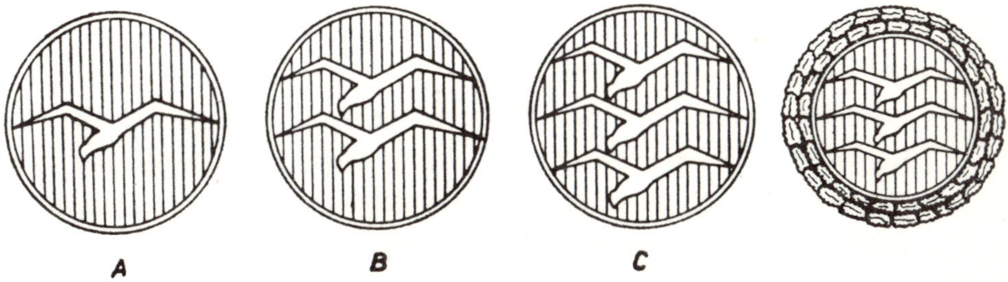

über München ausgeklinkt, nahte eine mächtige Gewitterwalze. Groenhoff wagte den Flug, und mit den Gewalten von drei Gewittern flog er über Süddeutschland weit in die Tschechoslowakei hinein. Er landete nach 272 km bei Kaaden, eine Streckenleistung, die erst nach Jahren als Rekord überboten wurde, die aber in ihrer Durchführung als Gewitterflug in der Geschichte des Segelfluges unerreicht blieb.
Auch der Rhön-Wettbewerb 1931 vom 22. Juli bis 5. August stand ganz im Zeichen von überragenden Streckenflügen. Am 25. Juli erreichten bei einem gemeinsamen Gewitterflug Groenhoff 220 km bis Magdeburg, Wolf Hirth 175 km bis nach Halle, wobei Groenhoff mit 2050 m Höhe auch den Prinz-Heinrich-Preis gewann. Beide Rhönflieger hatten schon in diesem Wettbewerb bis auf 1500 m bzw. 1000 m den schwierigsten Zielflug der Rhön, die Bezwingung des 35 km entfernten Öchsen, geschafft.

Die Thermik ermöglicht Großleistungen

Die wichtigsten Errungenschaften des Wettbewerbs aber waren die thermischen Dauer- und noch mehr die Streckenflüge von Groenhoff, Kronfeld und Hirth, die erstmals auch in Deutschland gelangen, nachdem Wolf Hirth bereits im Herbst 1930 durch seine Flüge in Amerika am Fluggelände von Elmira und über New York viel zu deren Entwicklung beigetragen hatte. Auch im Wettbewerb konnte er den längsten Thermik-Streckenflug für sich buchen, der erstmals von der Rhön an den Rhein führte, 192 km nach Brohl westlich von Koblenz. Kronfeld flog in der Thermik 156 km nach Arnsberg in Westfalen, Groenhoff 107 km bis Osingen im Taunus.
Im Übungswettbewerb erreichte Künzer auf „Stuttgart“ mit 18 Stunden und 14 Minuten die größte Gesamtflugdauer vor Hakenjos auf „Professor“ mit 16 Stunden und 56 Minuten und Schmidt auf „Würzburger Generalanzeiger“ mit 14 Stunden und

53 Minuten. Die größte Höhensumme erzielte Wilhelm Teichmann, Fluglehrer auf der Wasserkuppe, vor Pfeiffer und Hakenjos. Teichmann gewann auch den Streckenflug dieser Klasse mit 34,6 km vor Hakenjos 29,8 km und Künzer 24,8 km.

Entstehung einer Thermikblase über einem Gehöft. Kondensationsbasis ist die Höhe, in der die Luftfeuchtigkeit sich zu Wassertröpfchen (Wolken) verdichtet. Neben dem Aufwind befinden sich meistens Abwindgebiete.

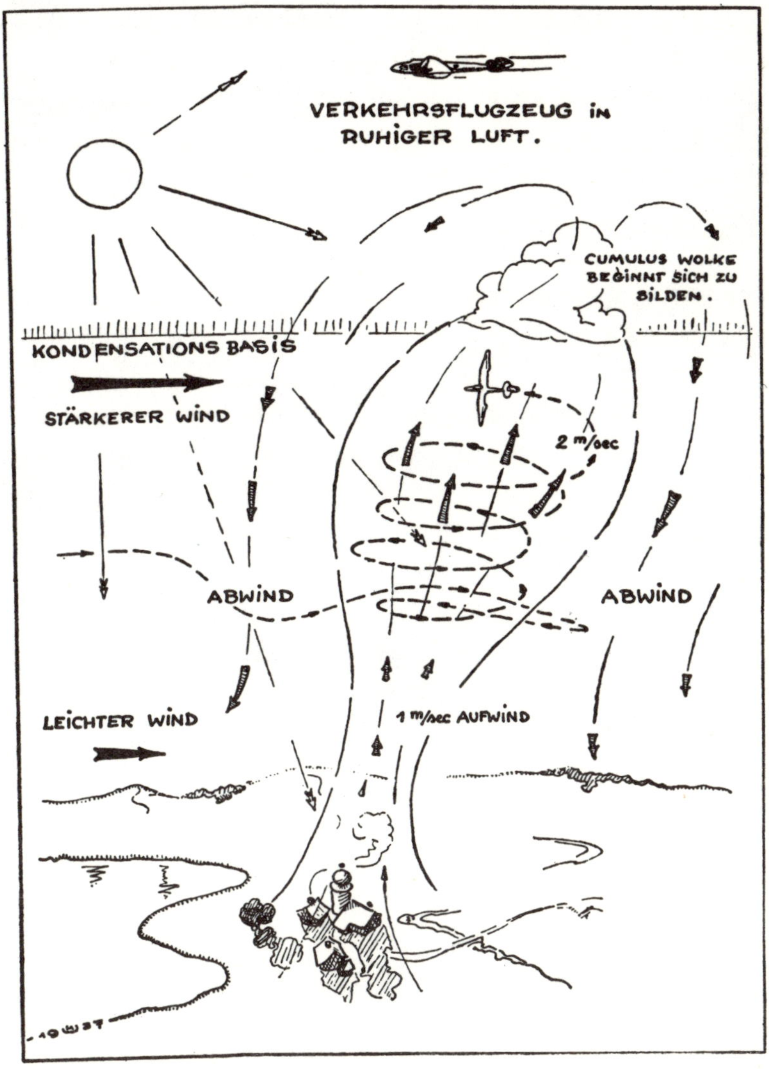

Großes Aufsehen erregten in diesem Jahr die motorlosen Flüge über den Großstädten Europas. So segelte Kronfeld über München und London, Hirth über Breslau und Berlin, Groenhoff über München, Otto Fuchs über Berlin, Magersuppe über Kassel. Eine beachtliche Leistung stellte auch die doppelte Kanalüberquerung von Robert Kronfeld dar, bei der er den Preis der Daily Mail gewann. Günther Groenhoff flog über dem Jungfraujoch und erprobte als erster den Segelflug im Hochgebirge. Das für ihn so erfolgreiche Jahr schloß er ab mit dem ersten Flug eines schwanzlosen Flugzeuges von der Wasserkuppe zum Flughafen Tempelhof. Mit „Hans Huckebein", konstruiert von Lippisch, gewann er damit am 8. Dezember den BZ-Preis.

Schleppstarts und Instrumente – die neuen Helfer

1931 war gleich dem Jahre 1922 für den Segelflug von ganz besonderer Bedeutung und brachte ihm ein zweites Mal die Anerkennung der ganzen Welt. Die überragenden Flugleistungen und Erfolge dieses Jahres hatten eine neue Welle der Begeisterung in Deutschland und darüber hinaus in vielen Ländern der Welt zur Folge. Überall machten sich neue Gruppen auf. Die neuen Startmethoden des Auto-, Winden- und Flugzeugschlepps machten den Segelflug frei vom Gelände und ermöglichten ihn auch in den weiten Ebenen – die Möglichkeiten des Segelfluges in der Ausbildung und in der Verwertung als

Die neuen Startmethoden des Auto-, Winden- und Flugzeugschlepps machten ab 1931 den Segelflug frei vom Berggelände und ermöglichten ihn auch in den weiten Ebenen.

Leistungsflug waren bedeutend erweitert. Ohne den Schleppstart wäre die weite Verbreitung des Segelfluges in den kommenden Jahren undenkbar und auch unmöglich gewesen. Auch die Erschließung der Segelflugmöglichkeiten im „unsichtbaren" thermischen Aufwind oder bei wolkenlosem Wetter wäre ohne Anwendung des Schleppsegelfluges mit Motorflugzeugen kaum so schnell und erfolgreich durchgeführt worden. Außerdem wurde erst dadurch die Möglichkeit gegeben, von jedem Flugplatz aus zu den Leistungssegelflügen zu starten, die bisher nur auf bestimmte Gebiete beschränkt waren. Eine weitere, wichtige technische Neuerung, die zweifelsohne ein gut Teil zu den Erfolgen, besonders im Höhen- und Streckenflug, beigetragen hat, bildete die Mitführung und der Einbau von Instrumenten.

Eine weitere wichtige Neuerung ab 1930 bildete die Mitführung und der Einbau von Instrumenten. Hier zeigt ein Wendezeiger, ob das Flugzeug links hängt, ob es in der Linkskurve nach außen schiebt oder ob es eine steile Rechtskurve richtig fliegt.

Der erste Segelflieger mit diesen „Helfern" dürfte Kronfeld gewesen sein, und daraus verstehen wir auch neben seinem fliegerischen Können die Tatsache, daß er lange Zeit der einzige Segelflieger war mit Streckenflügen über 100 km. Kompaß, Staudruckmesser, Höhenmesser und Variometer waren die ersten Instrumente, von denen das Variometer schon damals die sehr große Bedeutung hatte, zeigte es doch jedes Aufwindgebiet an, so daß der glückliche Besitzer eines solchen Helfers in kurzer Zeit große Höhen gewonnen hatte – ein Vorteil, den zur damaligen Zeit kein anderer Segelflieger besaß. Im Laufe der Jahre wurde das Instrumentenbrett ergänzt, schließlich fand man auch die geeignetste Einbaustelle, so daß bald kein Leistungsflugzeug mehr ohne diese Wegweiser des Fluges sein konnten.

Das Charakteristische des Jahres 1931 aber liegt im Fortschritt, der in der Technik des Segelfluges dadurch erzielt wurde, daß zum ersten Mal ganz bewußt und systematisch die rein thermischen Strömungen, auch bei wolkenlosem Himmel, als wichtigste Art des Aufwindes für den Leistungsflug ausgewertet wurden.

Diese wissenschaftlichen Erkenntnisse der Jahre 1928 bis 1930 waren auch für die Gesamtluftfahrt von größter Bedeutung. Genau wie die Erforschung des Hangaufwindes blieb die Erschließung der thermischen Vertikalbewegung dem Segelflug vorbehalten. Über Thermik war bis zu ihrer Ausnützung im Segelflug kaum etwas bekannt, ebensowenig welche Vertikalgeschwindigkeiten ein Motorflug erwarten läßt und wie es mit der Turbulenz der Luftströmungen steht. Georgii stellt fest: „Wiederum blieb dem motorlosen Flug vorbehalten, die Vielseitigkeit thermischer Vertikalbewegungen der Luft durch zahlreiche Flüge nachzuweisen und so Aufschluß zu erbringen über die Intensität freier thermischer Konvektion ohne Wolkenbildung, weiterhin über die kräftigen Wolkenauf- und -abwinde und selbst über die in einem Gewitter freiwerdenden atmosphärischen Energien, deren Vertikalbewegungen der Geschwindigkeit stärkster Stürme entsprechen. Die mit großer Einsatzfreudigkeit durchgeführten Wolken- und Gewittersegelflüge hatten zur Folge, daß nunmehr quantitative Unterlagen über die Böenbeanspruchung eines Motorflugzeuges geschaffen wurden und durch Einführung des Böenfaktors die Festigkeit eines Flugzeugs den bisher kaum bekannten Beanspruchungen durch die atmosphärische Turbulenz angepaßt werden konnte.“

In den gleichen Jahren begann auch die Erkenntnis, das Segelflugzeug für die Lösung konstruktiver Probleme des Motorflug-

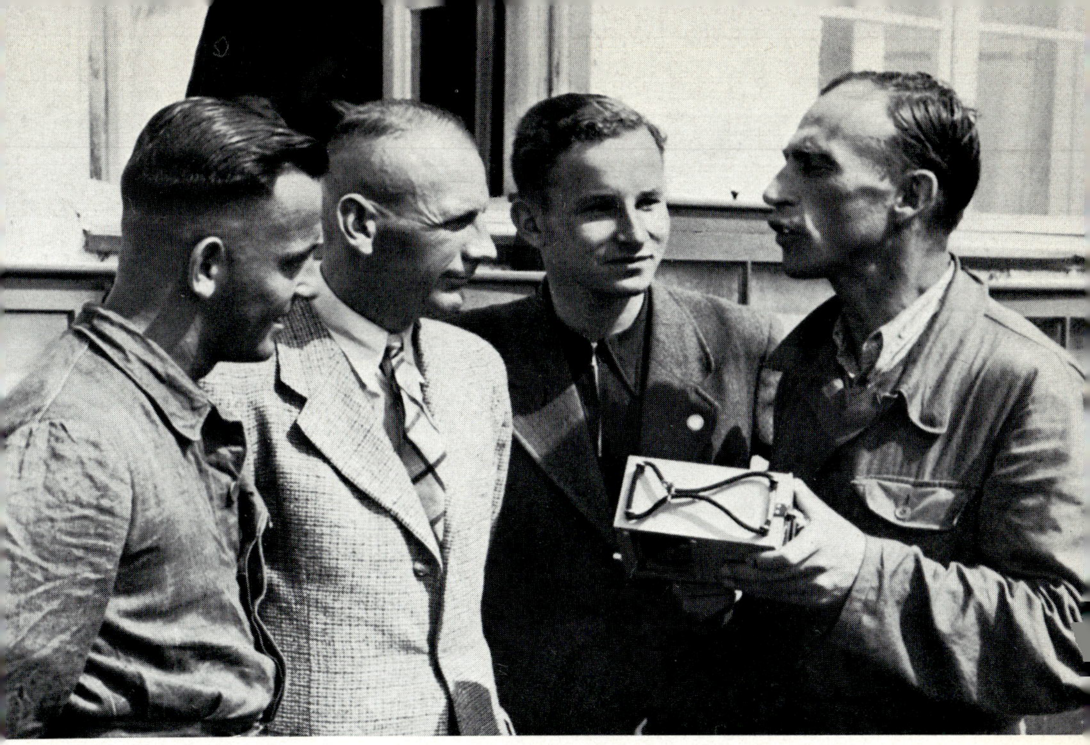

Der Rhönwettbewerb 1938 war der Wettbewerb der erstaunlichsten Höhenflüge und Höhenrekorde. V. l.: der Gersfelder Romeis flog mit Schillinger (3. v. l.) im Doppelsitzer mit 5570 m neuen Weltrekord für Doppelsitzer, bei einem weiteren Flug muß Romeis über 8000 m Höhe erreicht haben, als er in einer Gewitterwolke aus dem Segelflugzeug geschleudert wurde und mit schweren Erfrierungen am Fallschirm die Mutter Erde wieder erreichte. Werner Fick, Stettin (rechts), stellte am 4. August mit 6550 m neuen Höhenweltrekord auf, den am nächsten Tage Flugkapitän Walter Drechsler (2. v. l.) auf 6687 m Höhengewinn verbesserte.

Württemberg stellte in der Geschichte des Segelfluges die meisten hervorragenden Flugzeugführer. Zu ihren besten zählten v. l.: Erwin Kraft, Rhönsieger 1939 (gefallen 1945), Max Beck, Sieger der Einsitzerklasse 1937, 3. in der Gesamtwertung, Helmut Knöpfle, erfolgreicher Wettbewerbs- und Versuchsflieger.

Das bedeutendste Treffen in der Segelfluggeschichte zwischen den beiden Weltkriegen wurde der I. Internationale Segelflugwettbewerb 1937 auf der Wasserkuppe, der in seinen Ergebnissen so richtungsweisend war, daß ihn die Flieger der Welt über ein Jahrzehnt später zur 1. Segelflug-Weltmeisterschaft erklärten. Die große Überraschung war der Schweizer Teilnehmer Sandmeier (2. v. l.) auf dem Bild in Unterhaltung mit Hanna Reitsch und Kurt Schmidt (rechts) und Fritz Papenmeyer (links), der zur Wettbewerbsleitung gehörte. In der Mitte John, Freund aller „Bruch-Piloten".

Im gleichen Jahre gab es mit dem ISTUS-Vergleichsfliegen in Salzburg einen weiteren internationalen Wettbewerb. Höhepunkt waren die Alpenüberquerungen im motorlosen Flug durch deutsche Teilnehmer. Das Bild zeigt die Österreicher Emi von Roretz, von Lerch und Frena, sowie den französischen Pionier Eric Nessler bei der Flugzeugführerbesprechung.

Das Fliegerdenkmal auf der Wasserkuppe am Tage der Gründung des Deutschen Aero-Club am 4. August 1950. Wolf Hirth und Fritz Stamer gedachten zum neuen Start des deutschen Flugsportes mit Kränzen der toten Fliegerkameraden in aller Welt.

1956 wagte die „Gesellschaft zur Förderung des Segelfluges auf der Wasserkuppe“ die Durchführung des 21. Rhön-Segelflugwettbewerbes. Tausende kamen alltäglich zum „Heiligen Berg der Flieger“. Der Wettbewerb hatte seine höchste Aufgabe erfüllt, die Segelflieger Deutschlands zu rufen „zur Wiederauflebung und Fortführung der aus 35 Jahren Segelflug auf der Wasserkuppe und 20 Rhön-Segelflug-Wettbewerben entstandenen Tradition“. Die Preise übergab (unser Bild) die Mutter des unvergessenen Günther Groenhoff und der unermüdliche Präsident der Gesellschaft, Landrat Dr. Stieler.

Das Rhöntreffen 1951 wurde zum Fest der Freude. Es war eine Demonstration der deutschen Flugbegeisterung. Über 50 000 Menschen belebten die Hänge der Wasserkuppe. Gäste aus Österreich, der Schweiz, Frankreich, Finnland, England und USA erlebten die Wiedergeburt des deutschen Segelflugs. Zwölf Segelflugzeuge kamen zum Berg der Flieger. Einen der ersten Windenstarts führte der Doppelraab aus Dachau durch. Symbolhaft führte diese Neukonstruktion den Namen „Start“.

zeuges einzusetzen. Georgii bestätigt erneut: „Alexander Lippisch hat wohl das überzeugendste Beispiel gegeben für den zweckmäßigen Einsatz des Segelflugzeuges bei der Entwicklung eines neuartigen Motorflugzeugtyps. Durch schrittweises Fortschreiten vom Flugmodell über das Segelflugzeug ist von ihm das schwanzlose Motorflugzeug entwickelt worden, das schließlich seine Vollendung in dem ersten Raketenflugzeug Me 163 gefunden hat. Dieser Einsatz von Segelflugzeugen zum Studium der Flugmechanik neuartiger Motorflugzeugtypen hat sich mehrfach bewährt. Die Flugerprobung neuartiger Flugzeuge auf ihre Flugeigenschaften und Leistungen erfolgt zweifellos einfacher und vor allem billiger durch Einsatz eines formgetreuen Segelflugzeuges... Es ist deshalb gewiß kein Zufall, daß unsere bekanntesten Flugzeugkonstrukteure ihre ersten konstruktiven Erfahrungen durch den Segelflugzeugbau erhalten haben und durch diesen schon zu eigener schöpferischer Flugzeuggestaltung angeregt worden sind."

1931 wurde der Amtliche Segelflugzeugführerschein, die sogenannte Amtliche C, geschaffen, Richtlinien für den Bau der Flugzeuge herausgegeben, Bauprüferkurse auf der Wasserkuppe abgehalten, Bestimmungen für den Vereinsfluglehrer erarbeitet, der Fallschirm für den Leistungsflug eingebürgert, unter Leitung von Stamer der erste Schleppflugkurs in der Rhön-Rossitten-Gesellschaft durchgeführt und von der ISTUS das Leistungssegelfliegerabzeichen D, die sogenannte Silber-C für einen Fünfstundenflug, für 50 km Strecke und 1000 m Startüberhöhung verliehen. Wolf Hirth – Stuttgart, Robert Kronfeld – Wien, Günther Groenhoff – Frankfurt, Kurt Starck – Darmstadt, Otto Fuchs – Darmstadt und Hermann Mayer – Stettin – Aachen waren die ersten Träger. Über 250 C-Prüfungen wurden in allen Teilen Deutschlands geflogen. Neben dem Rhön-Wettbewerb gab es den Westdeutschen Segelflugwettbewerb in den Borkenbergen, den Bayerischen Wettbewerb am Hesselberg, den Sachsen-Wettbewerb in Schwarzenberg, den Württember-

gischen Heimat-Wettbewerb und den 1. Schlesischen Segelflugwettbewerb in Grunau. Der Segelflug war von den Hängen der Rhön aus in ganz Deutschland verbreitet.
Kein Wunder, daß es im Rhön-Wettbewerb 1932 vom 18. Juli bis 1. August zum letztenmal einen Übungswettbewerb gab. Die größte Gesamtflugdauer für Wettbewerbsneulinge erzielte Heini Dittmar – Schweinfurt auf „Condor" mit 25 Stunden und 32 Minuten vor Willi Schleicher – Schwabach auf „OZITE" mit 20 Stunden und 4 Minuten und Hans-Georg Renner – Dessau auf „Grunau-Baby" mit 12 Stunden und 27 Minuten. Bei den Fortgeschrittenen siegte Rudolf Hakenjos – Schwenningen auf „Lore" mit 31 Stunden und 13 Minuten, vor Heinz Peters – Aachen 16 Stunden und 2 Minuten und dem Polen Lopatniuk – Warschau auf „Lwow" mit 9 Stunden und 1 Minute. Den längsten Einzelflug erreichte Peters am 25. Juli mit 10 Stunden 50 Minuten. Die größte Höhensumme erzielte Hakenjos mit 1935 m vor Erich Sewering und Renner – Dessau mit 1470 m und Heini Dittmar 1385 m. Den Streckenflug dieser Klasse gewann Peters mit 45,9 km vor Heini Dittmar mit 43,5 km und Hakenjos 42,4 km.

Günther Groenhoff ist tot

Für immer aber wird über diesem Wettbewerb ein trauerndes Gedenken liegen. Am 19. Juli stürzte im Übungswettbewerb bei einem der ersten Starts Herbert Rüdiger aus Liegnitz über dem Abtsrodaer Wald tödlich ab. Am 22. Juli führte vor einem nahenden Gewitter Robert Kronfeld einen der wenigen Starts auf seinem 30-m-Vogel „Austria" durch. Nach 22 Minuten kam er außer Sicht. Im Blindflug hörte Kronfeld plötzlich einen dumpfen Knall und stürzte aus der Wolke heraus. Die Flächen hatten abmontiert. Kronfeld konnte sich mit dem Fallschirm retten. Die „Austria" ging total zu Bruch. Einen Tag später zog gegen 18 Uhr erneut ein Gewitter über die Wasserkuppe. Nach einem Fehlstart mit Rückenwind am Westhang der Wasserkuppe war Groenhoff mit seinem „Fafnir“ nicht freigekommen. Er rutschte den Hang hinab, riß den „Fafnir“ hoch, stürzte dann aber wegen zu geringer Fahrt ab. Der Fallschirm deckte den toten Günther Groenhoff. Er, der nach der Meinung von Prof. Georgii nicht der Flieger langer Überlegungen war, sondern des Handelns, der sich getraute, jeder Flugsituation gerecht zu werden, war nicht mehr – kaum 24 Jahre alt! Durch seinen unerschrockenen Einsatz erklären sich seine überragenden Leistungen, die ihn zum anerkannten Meister des Segelfluges der Jahre 1930 bis 1932 machten. „Den unerschrockenen Kameraden ehrten die Rhön-Segelflieger an seinem Begräbnistag durch einen Geschwaderflug von 17 Segelflugzeugen, bei dem die damals einzigartige Leistung von insgesamt 800 Streckenkilometern erzielt wurde. Dieser entschlossene Wille zur fliegerischen Tat war wohl die schönste Ehrung, die ihm zuteil werden konnte.“ Groenhoff war aber auch der Inbegriff dessen, was wir den Rhöngeist nennen. „Dann erzählte Groenhoff im Kreise der Schüler von seinen Flügen, von dem Start vom Jungfraujoch, bei dem das Höhenruder zerbrach. Dann hockte er wieder inmitten aller, und irgendein toller Streich wurde beraten. Immer war er bereit zum Lachen, immer bereit zum ernsten Gespräch, immer bereit zu helfen, immer Kamerad“ (Stamer).

Am Tage seiner Überführung nach Frankfurt wurden 101 Flüge ausgeführt, mit einer Gesamtstrecke von über 800 km. An diesem Tag blieb Peters 10 Stunden und 50 Minuten über dem Westhang, Hakenjos auf „Lore“ 9 Stunden und 44 Minuten, Heini Dittmar auf „Condor“ 8 Stunden und 13 Minuten und Willi Schleicher – Schwabach stellte mit über 12 Stunden einen neuen Rhön-Dauerrekord auf.

Den Fernsegelflugpreis des Wettbewerbes gewann Wolf Hirth, damals Schulleiter in Grunau, auf „Musterle“ mit 154,9 km und 145 km. Nicht weniger hervorragend waren die Flüge des leider später tödlich abgestürzten Hermann Mayer – Stettin, der mit 125 km und 70 km die nächstlängsten Flüge ausführte und dabei besonders wertvolle Höhenflüge in Cumuluswolken zu verzeichnen hatte, wobei er mit 2185 m den Höhenpreis und damit den Prinz-Heinrich-Preis gewann. Streckenflug-Ermunterungspreise erhielten Hans Deutschmann – Breslau mit 37,2 km, Konrad Pernthaler – Dessau mit 32,2 km und Wallischeck – Stettin mit 26,6 km. Konstruktionsprämien wurden Erich Bachem für das großartige Flugzeug „Thermikus", Ernst Philipp für den schwanzlosen „Marabu" und Konrad Pernthaler für „Askania" zugesprochen.

Ab 1933 nur noch Leistungswettbewerbe

1933 gab es erstmals zum 14. Rhön-Segelflug-Wettbewerb mit dem Deutschen Luftsport-Verband einen einzigen verantwortlichen Veranstalter. Der Wettbewerb sollte der fliegerischen und technischen Förderung des Segelflugsportes und der Erforschung der Segelflugmöglichkeiten dienen. Erstmals gab es nur noch einen Leistungswettbewerb. 45 Teilnehmer führten vom 6. bis 20. August 495 Starts durch. Am fleißigsten waren die Darmstädter Studenten mit 27 Starts auf dem „Windspiel" und 23 auf „Darmstadt". Man sah nur noch hervorragende Konstruktionen am Startplatz, Rhönadler, Rhönbussard, Darmstadt, Thermikus, Fledermaus, Condor und als Neukonstruktion Moazagotl von Wolf Hirth.
Während die ersten Teilnehmer auf der Wasserkuppe eintrafen, kam aus Ostpreußen die Meldung von einem phantastischen Weltrekord eines bis dort völlig unbekannten Segelfliegers: Kurt Schmidt aus Königsberg startete am 3. August kurz nach 7 Uhr in seinem „Grunau Baby" an dem Korschenruher Hang und zog seine regelmäßigen Achterschleifen bis zum nächsten Abend, wo ihm kurz nach 8 Uhr das Zeichen zur Landung gege-

ben wurde. 36 Stunden und 35 Minuten zeigte die Uhr, als Schmidt sein „Baby" unversehrt aufsetzte, von zahlreichen Zuschauern umjubelt, nach einem Rekord, der bis dort für unerreichbar gehalten worden war.

Im Wettbewerb gab es ebenfalls einen neuen Dauerrekord der Rhön, den der Württemberger Hakenjos mit 13 Stunden und 32 Minuten aufstellte. Den Streckenpreis gewann Wolf Hirth auf „Moazagotl" mit einem Flug bis Zwickau 176 km vor Peter Riedel, der auf „Fafnir" 164 km erreichte. Den Zielflugpreis teilten sich Heini Dittmar und Peter Riedel für die ersten beiden Flüge Wasserkuppe–Kissinger Hütte–Wasserkuppe. Die Zeit für die größte Gesamtflugdauer steigerte sich von Wettbewerb zu Wettbewerb. 1933 siegte Richter auf „Pommernland" mit 41 Stunden und 47 Minuten vor Fritz Utech – Darmstadt 21 Stunden und 2 Minuten und Richard Glaser – Böblingen auf „Musterle" 20 Stunden und 40 Minuten. Einen Doppelsieg feierte Paul Krekel auf dem ausgezeichneten Leichtsegler „Thermikus" mit dem Preis für die größte Höhensumme, in sieben Flügen 4016 m und für die größte Streckensumme in vier Flügen 256,8 km. Den Prinz-Heinrich-Preis holte sich Vandieken – Hamborn auf „Die vom Niederrhein" für 1445 m. Die höchsten Bau- und Konstruktionsprämien erhielten die Akaflieg Darmstadt „für den ausgezeichneten Leichtbau des in allen Teilen nahezu gleich festen Flugzeuges „Windspiel", weiterhin „für den sinnreichen Entwurf einer neuartigen Steuerung" und Wolf Hirth „für den Entwurf des Leistungssegelflugzeuges ‚Moazagotl', dessen Einzelteile insgesamt eine hervorragende Durchkonstruktion nach den neuesten Gesichtspunkten zeigen".

Hanna Reitsch, die 1932 in Grunau bei Wolf Hirth schulte und 1933 erstmals am Rhön-Wettbewerb startete, verbesserte nach dem Wettbewerb über Rossitten die Dauerflugbestleistung für Frauen auf 10 Stunden.

1934 folgten unsere Segelflieger einer Einladung nach Südamerika, wo Wolf Hirth, Peter Riedel, Heini Dittmar und Hanna

Reitsch unter Leitung von Prof. Georgii die segelfliegerischen Möglichkeiten in den tropischen Zonen erforschen sollten. Neben vielen Streckenflügen fand die Expedition ihren sportlichen Höhepunkt in den neuen Höhenweltrekorden für Männer und Frauen: Am 17. Februar durchstieg Heini Dittmar drei übereinanderliegende Cumuluswolken und erreichte dabei 4350 m über Start. Hanna Reitsch kurbelte in einem „Baby" in der ersten Wolke hoch und stellte mit 2200 m ihre zweite Frauenweltbestleistung auf, der sie dann nach ihrer Rückkehr nach Deutschland noch die dritte im Streckenflug anschloß. Von Griesheim aus segelte sie im „Fafnir" über Württemberg und landete nach 160 km bei Reutlingen.

Von der Rhön in die Tschechoslowakei

Im Rhön-Wettbewerb 1934 trat gleich am ersten Tag ein neuer Mann auf den Plan. Ludwig Hofmann, der schon im Frühjahr von der Hornisgrinde im Schwarzwald aus neben anderen Strecken auch nach Frankreich und 225 km nach Nürnberg geflogen war. Zur Eröffnung in der Rhön legte er 115 km zurück, eine Leistung, die er mehrmals wiederholte, so daß er mit 1177 km Sieger in der Gesamtstrecke und mit dem 2. Preis im Höhen-, dem 4. im Streckenflug und mit dem Gewinn des Milseburgpreises Sieger des Wettbewerbes wurde. Seine beste Strecke führte ihn über 310 km, während am gleichen Tag Wolf Hirth mit 352 km bis Görlitz in Schlesien nicht nur als erster Segelflieger über 300 km kam, sondern einen neuen Weltrekord aufstellte, der sich aber nur 24 Stunden seines Lebens erfreute. Am nächsten Tag, dem 27. Juli, erzielte Erich Wiegmayer 315 km, und Heini Dittmar startete erstmals auf dem Farnir II „Sao Paulo", den er nach 5 Stunden bei Liban in der Tschechoslowakei zur Landung aufsetzte, 376 km von der Wasserkuppe entfernt.

Die Bezwingung des Öchsen mit Rückkehr zur Wasserkuppe durch Wolf Hirth und dem Berliner Ernst Philipp sowie die erstmals erfolgreich durchgeführten Kettenflüge, eine Gemeinschaftsleistung von drei Flugzeugen, bei denen Heini Dittmar, Peter Riedel und Hanna Reitsch bis auf 581 km Streckensumme kamen, vervollständigten den Rekordcharakter des 15. Rhön-Wettbewerbes. Den Höhenpreis gewann der Dauerweltrekordler Kurt Schmidt mit 1640 m. Nach Ludwig Hofmann erflog Fritz Utech – Darmstadt mit 545 km die größte Streckensumme vor Ernst Philipp – Berlin mit 474 km, Hans Fischer – Darmstadt auf „Windspiel" 432 km, Wolfgang Späte – Chemnitz 378 km und Erich Vergens – Berlin mit 300 km. Den Dauerflugpreis holte sich Friedrich Carius – Leipzig auf „Grunau-Baby" mit 8 Stunden und 59 Minuten vor Caroli – Heilbronn mit 8 Stunden und 12 Minuten, während die größte Gesamtflugdauer von J. Fölsche – Frankfurt mit 32 Stunden und 24 Minuten erzielt wurde. Auf der Wasserkuppe war die große freitragende Flugzeughalle für 60 Segelflugzeuge entstanden. Die Zelte waren nicht mehr notwendig.

Eine erfolgreiche Segelflug-Expedition nach Finnland mit Hanna Reitsch, Philipp – Berlin und Utech – Darmstadt unter Führung von Graf Ysenburg schloß das Segelflugjahr 1934 ab.

Wer bislang die Geschichte des Segelfluges genau verfolgt hat, muß überrascht sein über die unglaublichen Streckenleistungen des Jahres 1934, gekrönt von den vier 300-km-Flügen des Wettbewerbs. Im Jahr 1931 stellte Günther Groenhoff mit einer Strecke von 272 km die Höchstleistung im Streckenflug für Segelflugzeuge auf. Drei Jahre bemühten sich unsere tüchtigsten Segelflieger vergebens, diese Leistung zu überbieten. Es gelang ihnen aber nicht, sie auch nur annähernd zu erreichen. Im Wettbewerb 1934 wurde Groenhoffs Leistung nun in zwei Tagen gleich viermal überboten, durch Heini Dittmar sogar um 100 km. Zufall? – Nein! Der Groenhoffsche Flug war ein reiner Gewitterflug. Gewitterfronten im Wettbewerb sind aber Zufalls-

erscheinungen. Sollte Groenhoffs Strecke im Gewitterflug noch überboten werden, so müßte ein derartiges Gewitter zeitlich um die frühe Mittagszeit auftreten; dies aber tritt nur in seltenen Einzelfällen auf. Die Erfolge des Jahres 1934 sind allein auf die Kombination guter Thermik und gleichzeitiger stürmischer Winde zurückzuführen, auf die sogenannte Windthermik. Wir verstehen unter Windthermik die Kombination thermischer Aufwinde mit großer horizontaler Windgeschwindigkeit, die dem Segelflugzeug eine große Reisegeschwindigkeit gibt und es ermöglicht, in kurzer Zeit große Strecken zurückzulegen. Die wissenschaftliche Untersuchung jener Fernsegelflüge über 300 km hat nun ergeben, daß sie durch freiwerdende große Energiemengen ermöglicht werden, die nicht bei uns in Europa erzeugt werden, sondern antransportiert werden aus südlicheren, tropischen Breiten. Aus dieser Erkenntnis, die erst durch die den Flügen folgende Forschung erlangt wurde, mag man den Grund suchen, daß die gleichen Verhältnisse nicht in früheren Jahren schon zu ähnlichen Flügen ausgenutzt worden sind. Die Grenzen der Segelfliegerei sind durch diese neue meteorologische Errungenschaft geweitet worden. Die Windthermik kann somit als die günstigste Bedingung für Segelflughöchstleistungen angesprochen werden. Den Beweis für diese Behauptung brachte 1935, ein weiteres Jahr der Rekorde.
Selbst Prof. Georgii sagt, „daß hierdurch der Segelflug vom Gewitterflug zur Erzielung großer Strecken losgelöst wird, ist kein Fehler!“.

Gleich viermal 504 km

1935 wird gleich den Jahren 1922 und 1931 für immer als ein Höhepunkt der Segelflugentwicklung betrachtet werden müssen. Ludwig Hofmann eröffnete mit einem 140-km-Flug von Darmstadt zur luxemburgischen Grenze auf der Neukonstruktion „Rhönsperber“ die Streckenflüge des Jahres; Fischer – Darmstadt flog auf seinem „Windspiel“ von Darmstadt nach Saarbrücken, wo er nach Zielflug auf dem Flughafen landete. Vom Hornberg aus erreichte Hofmann im Zielflug das 100 km entfernte Friedrichshafen, und zwei Tage später meldete er sich, wie voraus beabsichtigt, vom Flughafen Zürich, 180 km von seinem Startplatz Hornberg. Und Peter Riedel, inzwischen bei der Lufthansa, ließ sich auf dem Flughafen Tempelhof hochschleppen, klinkte aus und landete nach fünfstündigem Flug auf dem Flugplatz von Hamburg, damit den Zielflugweltrekord auf 270 km verbessernd.

Was aber der 16. Rhön-Wettbewerb vom 21. Juli bis 4. August 1935 für Ergebnisse zeitigte, das übertraf in der Tat die kühnsten Hoffnungen. Auf den ersten „Anhieb“ wurden die 400 km im motorlosen Flug überboten und fast bis an die 500 km geschraubt, die dann noch eine Woche später von vier Flugzeugführern auf einmal geschafft wurden. 61 Flugzeuge führten 513 Starts durch, die eine Gesamtstrecke von 35 000 km ergaben, darunter 140 Flüge über 60 km, 113 Flüge über 100 km, 30 Flüge über 150 km, 41 Flüge über 200 km, sechs Flüge über 250 km, 16 Flüge über 300 km, was im Vorjahr noch Weltrekord bedeutete, neun Flüge erstmals über 400 km und schließlich vier Weltrekordflüge mit 504 km bis zum Flughafen von Brünn in der Tschechoslowakei. Die größte Höhe konnte der Darmstädter Schilling mit 2700 m für sich buchen. Und auch der Öchsen wurde in diesem Jahr nicht weniger als fünfmal umrundet. Die Gesamtleistung der Kraftfahrer zum Rücktransport der Flugzeuge im Tag- und Nachtdienst betrug 110 000 km.

Von den 200-km-Flügen verdient der Flug des Nürnberger Hermann Döbler besondere Erwähnung: mit 42 Jahren der älteste Wettbewerbsteilnehmer, erreicht an einem windschwachen, aber thermikreichen Tag 240 km bis zum Sonnenberg bei Büchenbronn in Baden, was nach Peter Riedel auf „La Falda“ mit 260 km die beste Tagesstrecke bedeutete. Großartig war die

Zielflugleistung des späteren 2. Siegers Späte – Chemnitz, der eines Tages einen Zielflug in seine Heimat anmeldete und tatsächlich vier Stunden später von dem 215 km entfernten Flughafen Chemnitz anrief.

Aus der Zahl der 300-km-Flüge muß der Belgienflug Hofmanns gewürdigt werden, der nach dem Urteil führender Männer im Segelflug als die bis dort bedeutendste Streckenleistung bezeichnet wird. Hofmann war bei diesem Flug unter den denkbar schwierigsten Verhältnissen gestartet, und die sehr lange Flugzeit von 8 Stunden und 30 Minuten (!) beweist die Schwierigkeit dieses Fluges eindeutig. Nicht weniger wichtig war sein Flug von 472 km nach Olesnice in der Tschechoslowakei, der ihn als ersten Segelflieger über die ersehnten 400 km brachte. Den zweiten, wohl schwierigsten 400-km-Flug aber machte Wolf Hirth, der an einem windschwachen Tag mit seiner schnellen Neukonstruktion „Minimoa“ 420 km bis nach Zlabings in der Tschechoslowakei segelte.

Zuletzt aber müssen wir die vier Weltrekordler nennen, die an jenem Montag der zweiten Wettbewerbswoche, der sich durch ein einzigartiges Flugwetter auszeichnete, in fast der gleichen Zeit den Flughafen Brünn erreichten: Rudolph Oeltzschner – Merseburg auf „Condor“, Otto Braeutigam – Dresden auf der alten D-B-10, Rudolf Heinemann – Hamburg auf „Rhönsperber“ und Ernst Steinhoff – Frankenhausen auf „Rhönadler“. Leider sollte dieser Siegestag nicht ungetrübt vorübergehen: Rudolph Oeltzschner stürzte auf dem Schleppflug zur Wasserkuppe kurz nach Überfliegen der Reichsgrenze bei Selb infolge außerordentlich starker vertikaler Böigkeit am 1. August tödlich ab. Braeutigam, Steinhoff und Heinemann haben die Führung des Weltrekordes in der FAI-Liste ihrem tödlich abgestürzten Kameraden Oeltzschner überlassen. Durch seine ausgezeichneten Flugleistungen wurde Rudolph Oeltzschner – Merseburg mit 1937,8 Punkten und 450 Punkten Vorsprung überlegener Sieger des Rhön-Wettbewerbes 1935. 2. Wolfgang Späte –

Chemnitz mit 1487,5 Punkten, 3. Ernst Steinhoff – Bad Frankenhausen 1408 Punkte, 4. Ludwig Hofmann – Mannheim 1282,9 Punkte, 5. Herbert Bartaune – Bremen 1214,7 Punkte, 6. Peter Riedel – Berlin 1209,1 Punkte, 7. Otto Braeutigam – Dresden 1159,4 Punkte, 8. Ernst Kennel – Gitter 1117 Punkte, 9. Rudolf Heinemann – Hamburg 1048,1 Punkte, 10. Heinz Peters – Wasserkuppe 1008,5 Punkte.

Von den 95 gemeldeten Flugzeugen konnten aus technischen Gründen unter Berücksichtigung der vorausgegangenen Landeswettbewerbe nur 61 zugelassen werden. Es war die Elite des deutschen Segelfluges. Vorbei war die Zeit der Preise für die größte Gesamtflugdauer und für die größte Höhensumme. Es entschieden nur noch Bestleistungen im Streckenflug, im Zielflug, in der Höhenwertung. „Die Kuppe bildete", wie Ursinus schrieb, „nur noch den Ausgangsflughafen."

Zum erstenmal erfolgte die Wertung der Flüge nach einem wohldurchdachten und gerechten Punktesystem. Auch diese Neuerung ging, wie jede Verbesserung, jeder Fortschritt im Segelflug, von der Wasserkuppe aus. Das Punktesystem wurde laufend verbessert, den Gegebenheiten angepaßt und im Laufe der Jahre von allen Wettbewerben der Welt übernommen.

Auch nach dem Wettbewerb ließen weiter große Flugleistungen aufhorchen. So wurde der neue Streckenweltrekord im Doppelsitzer von Ziegler – München viel zu wenig beachtet, der mit einem Passagier 180 km von Hannover nach Cuxhaven flog. Erwähnt werden muß hier auch die Leistung des Hamburger Heinz Huth, der von Hamburg im Zielflug nach Hannover flog, sich dort am nächsten Tag hochschleppen ließ und dann seinen Ausgangshafen Hamburg wieder erreichte. Schließlich brachte der Abschluß des Jahres noch einen weiteren Weltrekord. Vom Hornberg aus überbot der junge Fluglehrer Erwin Kraft mit 330 km nach dem vorher genannten Ziel Köln Peter Riedels Leistung um nicht weniger als 60 km.

Der erste internationale Wettbewerb in der Schweiz

Im Rahmen des Jahres 1935, in dem als vorolympischen Jahr alle Segelflugzeuge die olympischen Ringe mit dem Hinweis „Olympiade Berlin 1936“ trugen, warb der deutsche Segelflug durch weitere Expeditionen für die Idee des motorlosen Fluges: An Pfingsten flogen Oeltzschner, Fischer und Hanna Reitsch in Portugal, nach dem Wettbewerb zog Hanna Reitsch mit Philipp ein zweites Mal nach Finnland, wo unterdessen ein reger Schul- und Flugbetrieb eingesetzt hatte, so daß Ende 1936 der finnische Segelfluglehrer Nissinen bereits das Leistungsabzeichen erwerben konnte. Vom 1. bis 18. September nahmen Ernst Udet, Heini Dittmar, Ludwig Hofmann und Peter Riedel am in-

Ernst Udet, Leiter der deutschen Mannschaft beim Internationalen Segelflug-Wettbewerb 1935 auf dem Jungfraujoch, segelt auf „Rhönsperber“ zwischen Jungfrau und Mönch – dazwischen das Jungfraujoch. Eine Udet-Karikatur aus den glücklichen Tagen in der Schweiz.

ternationalen Segelflugwettbewerb auf dem Jungfraujoch in der Schweiz teil, in dessen Rahmen der Schweizer Schreiber nach einem Schleppflug zum Jungfrau-Massiv als erster Segelflieger die Alpen bis nach Bellinzona im freien Segelflug überflog, während Heini Dittmar der Gesamtsieger des Wettbewerbes und Gewinner des Höhenpreises, Ludwig Hofmann und Peter Riedel die Gewinner der Streckenpreise wurden. Schließlich fuhr um die gleiche Zeit Wolf Hirth mit Karl Baur und seinem alten Helfer Hans Stolz auf der russisch-sibirischen Eisenbahn nach Japan, um bis zum Jahresende japanische Flieger in der hohen Kunst des Segelfluges auszubilden mit dem Nebenerfolg, daß in kurzer Zeit der japanische Dauerrekord auf 10 Stunden geschraubt wurde.

Segelflug bei den Olympischen Spielen

Das war Arbeit im Sinne des hohen Ideals „Olympia", das in seinen Spielen zu Berlin 1936 erstmals auch den motorlosen Flug in seinem Programm sah. Österreich, Ungarn, Jugoslawien, Italien, die Schweiz und Deutschland hatten zu diesem Vorführungswettbewerb der Olympischen Spiele Flugzeugführer geschickt, die am 4. August in Staaken bei bockigstem Wetter ihr Können im motorlosen Kunstflug maßen. Keine Nation aber konnte den Stand der deutschen Piloten Hanna Reitsch, Braeutigam, Hofmann und Huth erreichen, leistungsmäßig wie maschinentechnisch, stand doch unseren Leuten die neue K-Maschine (voll kunstflugtauglich) des Forschungsinstitutes zur Verfügung. Die prachtvollste **Segel**flugleistung jedoch gelang in diesen Tagen dem Ungarn Ludwig Rotter, der auf seiner Eigenkonstruktion „Nemere" einen Olympia-Zielflug Berlin–Kiel durchführte und mit 336 km nicht nur seine Bestleistung, nicht nur neuen ungarischen Rekord, sondern gleichzeitig auch die Streckenbestleistung des Jahres erflog. Wie dieser Flug, so standen auch viele andere Flüge und die Wettbewerbe des Jahres im Zeichen des **Zielfluges** (mit Nennung des Zielflughafens vor dem Start), zu dem die Erfolge und Leistungen der letzten Jahre mehr denn je berechtigten. Die großartigste Leistung in dieser Hinsicht bildete der leider viel zu wenig beachtete Wandersegelflug über Süddeutschland, den das Forschungsinstitut für Segelflug Griesheim – Darmstadt im Juni durchführte. 700 km mußten bei nicht besonders günstigen Wetterverhältnissen motorlos von Darmstadt über Würzburg, Nürnberg, München, Augsburg, Böblingen, Mannheim nach Darmstadt zurück geflogen werden, und tatsächlich gelang dieser prachtvolle Beweis der Zielstrebigkeit und Sicherheit im Segelflug nicht weniger als vier der acht gestarteten Flugzeugführer in acht Tagen: Heini Dittmar – Darmstadt, der als erster und damit als Sieger den Ausgangsflughafen wieder erreichte, Baur – Stuttgart, Osann – Darmstadt und Wiesehöfer – München.

1936: Erstmals Zielflüge im Wettbewerb

Der Rhön-Wettbewerb vom 16. bis 30. August 1936 richtete ebenfalls sein Hauptaugenmerk in der Ausschreibung erstmals auf das Gelingen von Zielflügen. Das Fliegerlager auf der Wasserkuppe zeigte dieses Jahr ein verändertes Bild. An Stelle des historischen Schlafwagens, der in die Schonung verlegt wurde, war in Verlängerung des Ursinus-Hauses ein großer massiver Zweckbau entstanden, der nach Norden zwei massive Flügel für Unterkünfte erhielt. Die im Süden des Platzes gelegenen alten Holzhallen waren verschwunden, so daß der große freie Platz für den Segelflugbetrieb benützt werden konnte. Leistungsmäßig stand die Woche des Olympischen Jahres im Zeichen eines Mannes, wie schon die Punktzahl des Siegers 1800 zum Nächstplacierten 1000 Punkte klar erkennen läßt: Es war dies der aus der Vergessenheit wieder aufgetauchte Dauerweltrekordler Kurt Schmidt. Dabei vollbrachte er all seine Leistungen auf der Neukonstruktion „Mü 13“, die in Zusammenarbeit mit seinem Freund Egon Scheibe entstanden war. Schmidt stellte mit 13,33 Stunden eine neue Rhön-Dauerbestzeit auf, er flog mit einem Zielflug nach Trier von 250 km die größte Strecke und den besten Zielflug, segelte u. a. nach Würzburg und flog schon im ersten Versuch 165 km bis zum Truppenübungsplatz Grafenwöhr. Von den übrigen Zielflügen ist vor allem der Gemeinschaftsflug der beiden Hamburger Heinemann und Huth zu nennen, die nach 198 km auf dem Flugplatz Bonn landeten. Die gleiche Strecke legten Späte – Chemnitz und Hakenjos – Stuttgart zurück, die ihrer Ausbildungsstätte Hornberg (Württemberg) einen Besuch abstatteten. Eine weitere Spitzenleistung war der erste gelungene Verbands-Zielflug der Ostländer Kuhn – Danzig, König und Ruhnke – Königsberg, die als Kette gestartet waren und nach 125 km auf dem Flugplatz Wiesbaden landeten. Aus der großen Zahl der übrigen hervorragenden Leistungen sei noch der deutsche Höhenrekord erwähnt, den Blech – Breslau aufstellte, der mehrmals in diesem Jahr durch Höhenflüge von sich reden machte. Auf einem „Rhönsperber“ erkletterte er über dem Wasserkuppenmassiv 4480 m über NN. Die einzige teilnehmende Frau, Hanna Reitsch, belegte in der Gesamtwertung unter 61 Flugzeugführern einen ehrenvollen 5. Platz. Von 61 Teilnehmern wurde bei 661 Wettbewerbsstarts 18 097 km geflogen, erstmalig ein Verbandsflug nach Wiesbaden und 43 Zielstreckenflüge durchgeführt. In der Gesamtwertung ergab sich folgende Placierung: 1. Kurt Schmidt – München 1800 Punkte, 2. Hakenjos – Stuttgart 1000 Punkte, 3. Peter Riedel – Deutsche Lufthansa, 4. Erwin Kraft – Hornberg, 5. Hanna Reitsch – Darmstadt, 6. Wolfgang Späte – Chemnitz, 7. Karl Heidrich – Düsseldorf, 8. Karl Treuter – Jena, 9. Ernst-Günter Haase – Berlin, 10. Paul Steinig – Grunau, 11. Siegfried Ruhnke – Königsberg, 12. „Papa“ Helm von der Lufthansa.

Flug über die Alpen

Zur gleichen Zeit hatte das Forschungsinstitut sein Wanderlager am Chiemsee aufgeschlagen, um an der Erkundung der Segelflugmöglichkeiten im Hochgebirge mitzuarbeiten. Dabei gelang Heini Dittmar eine weitere Glanzleistung, indem er erstmals das Großglockner-Massiv im Segelflugzeug überquerte.
Noch überragender waren die Leistungen im Hochgebirgsflug in der letzten Mai-Woche 1937 anläßlich der ISTUS-Tagung mit internationalem Vergleichsfliegen zu Salzburg. 30 Segelflieger aus sechs Nationen hatten sich eingefunden mit dem heißen Wunsch, endlich einmal die Alpen in ihrer ganzen Breite zu überfliegen. In den ersten Tagen scheiterten die Versuche nach etwa 60 km Strecke, also am Anfang der Hochalpen. Der letzte Mai-Sonntag aber ließ die fliegerische Welt aufhorchen; gelang es doch nicht weniger als sechs deutschen Segelfliegern, das Alpenmassiv zu überfliegen, von denen sogar fünf noch die südlichsten Kalkalpen im motorlosen Flug überquerten; der Münchner Karch flog mit 196 km nach Farra D'Alpago nicht nur die größte Strecke, sondern auch die größte Höhe, und dabei steuerte er seinen Doppelsitzer „Milan" mit Klein als Passagier. Ihm am nächsten kam Kracht – Aachen mit 176 km nach Osopo bei Udine, während sich in Pieve di Cadore kurz nacheinander Hanna Reitsch, Ruthardt – Stuttgart und Ziegler – München nach 160 km einfanden. Einen Tag später schaffte es auch noch Osann – Darmstadt auf seinem „Windspiel" mit 175 km Strecke. Bei der Preisverteilung war auch Nessler – Frankreich mit 110 km erfolgreich, während fünf weitere Ausländer Anerkennungspreise erhielten. Der Segelflug jenseits der deutschen Grenzen war also wettkampffähig geworden.
1937 brachte neben den internationalen Flugereignissen zur ISTUS-Tagung in Salzburg vom 4. bis 18. Juli den ersten großen Internationalen Segelflug-Wettbewerb (über den noch ausführlich berichtet wird), der auf der Stätte der Tradition, auf der

Die älteste Segelflugwerkstatt der Welt wurde seit 1928 die Schreinerei Alexander Schleicher in Poppenhausen am Fuße der Wasserkuppe. Aus ihr wurde nach dem Zweiten Weltkrieg die größte Segelflugzeugfabrik der Welt – Die berühmteste Konstruktion, die Ka 6 von Rudolf Kaiser. Wie das Bild zeigt, erhielt Rudolf Kaiser für die Ka 6 als das beste Standardflugzeug der Welt 1958 in Polen den OSTIV-Pokal aus der Hand des OSTIV-Präsidenten de Lange, Holland. Rechts: Seff Kunz, Jahrzehnte der Vorsitzende der Segelflugkommission im Deutschen Aero-Club.

Die Ka 6 von Rudolf Kaiser war mit über 2000 Baumustern nicht nur das beste, sondern auch das weitverbreitetste Segelflugzeug. Zahllose Meisterschaften und Rekorde wurden mit der Ka 6 erflogen. Auf dem Bild Hans-Gernot Peter, Deutscher Meister der Standardklasse 1969.

Die deutsche Mannschaft bei den Segelflug Weltmeisterschaften 1954 in Camphill in Eng land: v. l.: Heinz Kensche, Gustl Wiethüch ter, damals Dritter der Einsitzerklasse, Wo Hirth, Ernst-Günter Haase, Dr. Friedric Mann, Präsident des Deutschen Aero-Club von 1954–1957 und Seff Kunz.

Die deutsche Mannschaft bei den Segelflu Weltmeisterschaften 1956 in St. Yan in Fran reich, v. l.: Gustl Wiethüchter, Kirchhein Mannschaftsführer Prof. Dr. Josef Stüpe Stuttgart, Hanna Reitsch, Frankfurt, damals in der Einzelwertung unter 45 Piloten un Ernst-Günter Haase, der mit Hans-Günth Heinzel im Doppelsitzer startete.

Bekannte Schweizer Segelflieger in viel internationalen Wettbewerben, v. l.: Alw Kuhn (gest. 27. April 1956), Dr. Hanns Niet spach und Bernhard Müller (alle mehrfac Schweizer Meister), Adolf „Pirat" Gehrig lange Jahre Zentralsekretär des Schweiz Aero-Clubs, Vorsitzender der FAI-Segelflu Kommission seit dem Wiederbeginn na dem Zweiten Weltkrieg, Kurt Fahrländer u Dr. W. Eichenberger, Vizepräsident der OST

Wasserkuppe, von sechs Nationen mit fast 40 Segelfliegern auf 28 Maschinen durchgeführt wurde.
Der acht Tage später begonnene nationale Wettbewerb, die 18. Rhön, stand im Zeichen zweier Neuerungen in technischer und fliegerischer Hinsicht: Leistungsflüge auf Doppelsitzern und Sicherheit der Zielflüge. Von den fliegerischen Leistungen sind die größten Strecken hervorzuheben, die nach vorher gemeldeten Zielorten geflogen wurden: Schmidt – München und Gerhard Ludwig – Torgau segelten erstmals 289 km nach München, von Treuberg und Beck 276 km nach Dresden, während Werner Blech nicht nur in Augsburg nach 250 km landete, sondern gleichzeitig auch in diesem Wettbewerb die größte Höhe mit 4090 m erflog und damit in den dauernden Besitz des „Prinz-Heinrich-Preises" kam. Überlegener Sieger wurde der Münchner Student Karch mit Zimmermann auf dem ältesten deutschen Leistungs-Doppelsitzer „Mü 10", gefolgt von Braeutigam/Steinert – Dresden, vor dem besten Einzelflieger Max Beck – Stuttgart, der mit 1739 km auch die größte Streckenleistung der 58 Teilnehmer erflog.

Zielflug-Wettbewerb Wasserkuppe–Berlin–Wasserkuppe

Gleichzeitig wurde der erste Zielstrecken-Wettbewerb Wasserkuppe–Berlin und zurück über 12 Etappen mit einer Gesamtlänge von über 700 km trotz schlechten Flugwetters durchgeführt. Sieger wurde der Hamburger Heinz Huth vor Hans Wiesehöfer – München, die beide am letzten Tag ausgezeichnete Einzelleistungen vollbrachten.
Im Mai 1938 verfehlte der bekannte Rekordflieger Ludwig Hofmann mit Doppelsitzerstreckenflügen von 400 km nur knapp den bestehenden Weltrekord dieser Klasse von 407 km. Am 7. Juli gab es den ersten Weltrekord in diesem Jahr für Deutschland. Der Darmstädter Student Flinsch segelte auf der

B.Z.-Preis
BERLIN
WITTENBERG
ELBE
HALLE
LAUCHA
ERFURT
THERMIK
THÜRINGER WALD
MEININGEN
START
PADOK
WASSERKUPPE

Neukonstruktion „D 30“ von Bremen nach Lübeck, überflog die Stadt und kehrte zum Flughafen Bremen nach einer Gesamtstrecke von 305 km zurück. Damit hatte er einen neuen Weltrekord in der Entfernung mit Rückkehr zum Startplatz aufgestellt. Den gleichen Rekord für Doppelsitzer sicherte sich einen Monat später Heinz Huth – Hamburg, als er auf einem „Kranich“ bei einem Flug Hamburg–Hannover und zurück 258,830 km zurücklegte. Die großartigste Leistung bei den Auslandsreisen dieses Jahres vollbrachte Otto Braeutigam, einer der „ganz Alten“ in Deutschlands Segelflug. Er war im Juni bis kurz vor dem Rhön-Wettbewerb auf dem Balkan, wobei er am 3. Juli auf dem Flugplatz von Sofia gestartet war und Varna am Schwarzen Meer als Ziel gemeldet hatte. Tatsächlich gelang es ihm, diese 390 km über fremdes Land motorlos zu fliegen und dicht an der Küste des Schwarzen Meeres zu landen.
Einen besonders regen Wettbewerb gab es im Jahre 1938 um den Dauerweltrekord für Doppelsitzer. Schon im Mai segelten am Westhang des Hornberges Meyer und Schneider 21,02 Stunden – neue Weltbestleistung. Vom 5. bis 6. September flogen die Österreicher Kahlbacher und Tauschegg 23,43 Stunden – neue Weltbestleistung! Zwei Tage später startete Kahlbacher aufs neue am Hundsheimer Kogel, diesmal mit Führinger, und kreiste am Berg trotz Nebel und tiefhängenden Wolken 40,51 Stunden lang – neue Weltbestleistung! Überraschenderweise kam dann noch anfangs Dezember die Meldung, daß über den Dünen von Rossitten zwei deutsche Segelflieger 50,15 Stunden gesegelt waren! Neben der fliegerischen vollbrachten Boedekker und Zander eine geradezu unglaubliche physische Leistung (30 Stunden Nachtflug dabei), die erst 1952 überboten werden sollte.
Die Höhepunkte des Jahres bildeten selbstverständlich die beiden Wettbewerbe. Der Zielstrecken-Wettbewerb führte bei denkbar schlechtestem Segelflugwetter von Westerland auf Sylt über Flensburg – Kiel – Altona – Hagenow – Wittenberge –

Brandenburg – Berlin – Rangsdorf – Kottbus – Sorau – Liegnitz über 810 km zur Turnfeststadt Breslau. Sieger der 23 Teilnehmer wurde Hanna Reitsch mit 321 Punkten, die von Hamburg aus als erste in Berlin und am Ziel in Breslau in kürzester Zeit eintraf. Zweiter wurde Kurt Schmidt mit 312,46 Punkten, der auch die schwierigen Etappen von Sylt über Kiel nach Hamburg flog und damit wertvolle Tage im Kampf um die Punkte der Aussschreibung verlor. 3. Max Beck – Hornberg 311,66 Punkte, 4. Hans Wiesehöfer – München 282,86 Punkte, 5. Werner Fick – Stettin 248,65 Punkte, 6. Ludwig Hofmann – München 235,10 Punkte.
Der 19. Rhön-Wettbewerb des Jahres 1938 ist wie die Jahre 1922, 1931, 1935 in die Geschichte des motorlosen Fluges eingegangen.

1938: Höhenflüge wie nie mehr in Deutschland

Wieder waren die 60 besten Segelflieger Deutschlands auf dem Berg der Tradition zusammengekommen. Der Wettbewerb war von einer besonders guten Wetterlage begünstigt, so daß Höchstleistungen erreicht wurden, die auch bis heute innerhalb eines Wettbewerbes in der Welt als einmalig zu bezeichnen sind. Flüge, bei denen am Start bereits das Ziel angegeben wurde, von über 200 km nach Westfalen einerseits und nach Bayern andererseits, zählten zur Alltäglichkeit, nachdem sie noch vor wenigen Jahren zu den Bestleistungen gehörten. Darüber hinaus landeten die Meister der Rhön zum ersten Male „geschwaderweis“ auf den Flugplätzen von Berlin (18 Flieger), segelten bis an die Oder, nach Stettin, ja selbst an die Küste der Ostsee; dann hinunter bis nach Freiburg im Breisgau und schließlich über die Grenzen hinweg nach Holland und auf den Flugplatz von Rotterdam: Wolfgang Späte 445 km, Otto Braeutigam 429 km, Wolfgang Späte 420 km, Ludwig Hofmann 405 km, Kurt

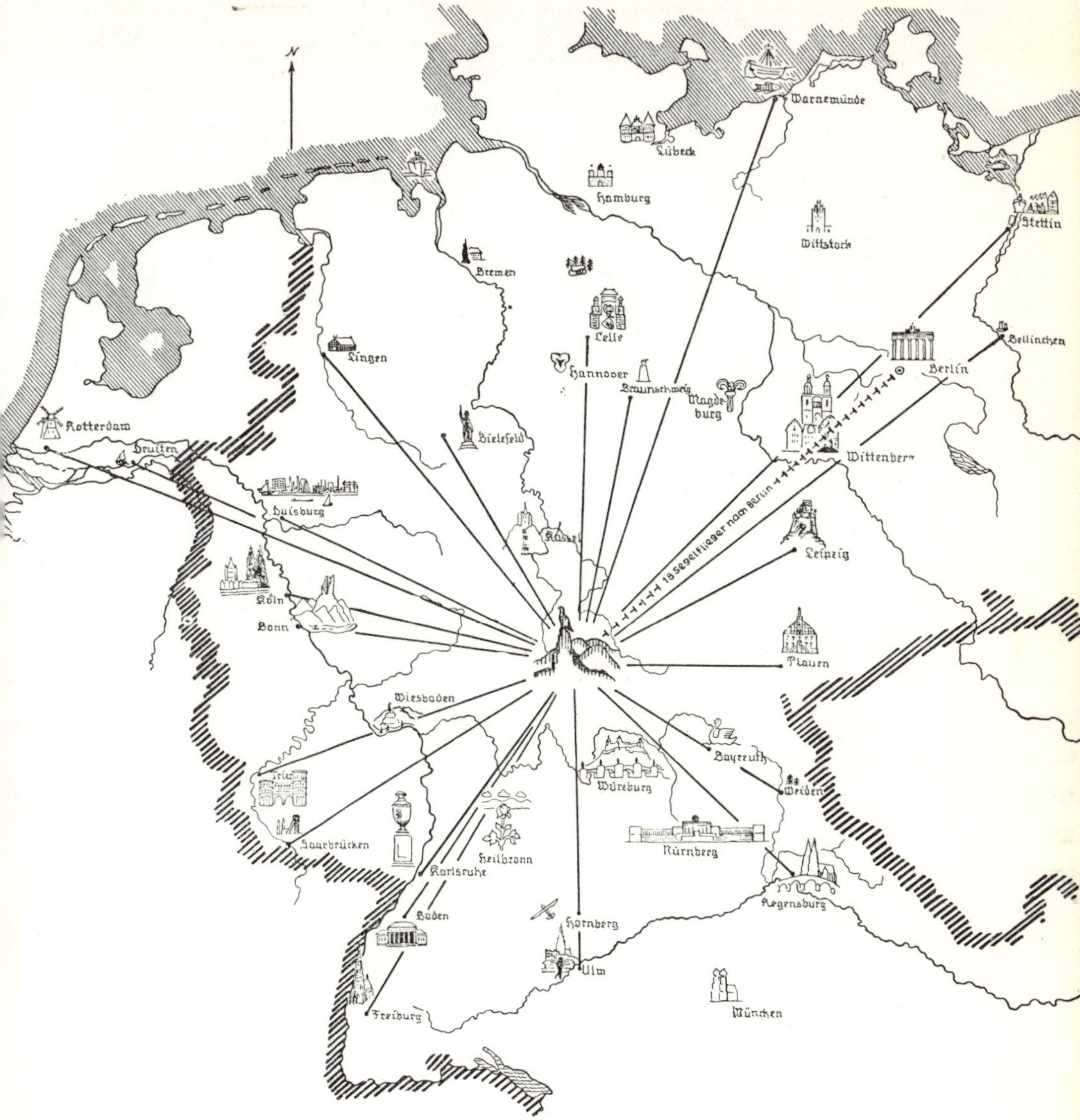

Streckenflüge im Rhön-Wettbewerb 1938

Schmidt 401 km, Bernhard Flinsch 365 km, Ludwig Hofmann 355 km, G. Peter 348 km, 18 Flieger 328 km nach Berlin. Die bleibenden Ergebnisse dieses Wettbewerbes 1938 werden die geradezu phantastischen Höhenflüge sein. Serienweise wurde der aus dem Jahr 1934 stammende Weltrekord von Heini Dittmar von 4350 m überboten und stieg endlich über 5500 m, 6400 m auf 8000 m absoluter Höhe, als Weltrekord-Vermessungshöhe 6687 m, die der alte Lufthansa-Kapitän Walter Drechsel in einem der zahlreichen Gewitter-Höhenflüge erklomm. Unvergessen die mächtigen Gewitterstürme, die in schauriger Schönheit bis 13 000 m Höhe über der Rhön standen. 72 Flüge über der Gold-C-Höhe von 3000 m wurden in Deutschland nie wieder erreicht. Nie aber auch mußten so viele Rhön-Flieger vor den Gewalten der Gewitter ihre Rettung dem Fallschirm verdanken.

Die Internationale Studienkommission für Segelflug hatte in diesem Jahr ein Goldenes Leistungsabzeichen geschaffen, das neben einem 300-km-Streckenflug eine Startüberhöhung von 3000 m verlangte. Diese großartige Höhenleistung wurde allein in diesem Wettbewerb 72mal erflogen. Sieger in diesem fliegerischen Wettkampf mit unerhört sportlichem Einsatz wurde der seit Jahren bekannte Wolfgang Späte mit 3855,9 Punkten knapp vor dem unermüdlichen Kurt Schmidt mit 3613,5 Punkten, während in der Klasse der Doppelsitzer die Gersfelder Romeis/ Schillinger nicht zu schlagen waren. So wie die Dauerrekorde gesteigert wurden, so sollte auch noch der Höhenweltrekord von Drechsel überboten werden. Noch im November kletterte Ziller in einem „Kranich" in der „Moazagotl-Wolke" auf 6840 m Höhe über Start und holte sich damit auch noch den Weltrekord für Einsitzer.

Dem Fortschritt der Luftfahrt konnte immer nur das Leben der Besten dienen . . . Die Segelflieger betrauerten den frühen Tod des Höhenfliegers Werner Blech, der in den elementaren Gewalten der Rhön-Gewitter den Fliegertod fand . . . Seine fliegerischen Leistungen im Höhenflug und sein bleibendes Verdienst um den motorlosen Flug wurden mit dem Ehrenpreis für das Jahr 1937 ausgezeichnet.

Das Jahr 1939 begann mit Segelflügen, die teilweise sogar neue Bestleistungen darstellten. So segelte Braeutigam im April 362 km und landete auf dem Flugplatz in Wien. Damit verbesserte er die aus dem Jahre 1936 bestehende Beststrecke im Zielflug von 336 km ganz beträchtlich. Auch in den kommenden Wochen wurden beachtliche Flüge aus allen Teilen Deutschlands bekannt: Bei einem seiner ersten Segelflüge schaffte der Motorflieger Paselak von der Wasserkuppe aus 475 km Strecke und eine Startüberhöhung von 4350 m – also mit einem Flug das „Goldene". Und Settgast verbesserte den Dauerflug an den Hängen der Wasserkuppe, „seiner" Schule, auf 14,13 Stunden. Der aufsehenerregendste Tag des Jahres aber war der 24. Mai. Seff Kunz, Jahrzehnte Vorsitzender der Segelflug-Kommission im Deutschen Aero-Club, flog auf dem Olympia-Segelflugzeug im Zielflug von Trebbin 348 km nach Nürnberg; mit ihm landete dort Zumbansen nach der gleichen Strecke. Am gleichen Tag stattete Kurt Schmidt von Trebbin aus seiner bayerischen Wahlheimat Holzkirchen einen Besuch ab und legte dabei 482 km zurück. Schließlich erfuhr sogar noch der absolute deutsche Streckenrekord aus dem Jahr 1935 eine Verbesserung: Erich Vergens landete mit seiner „Minimoa" nach 523 km bei Tiefenried in Schwaben – heute noch der längste Segelflug über Deutschland.

Den Zielstrecken-Segelflug-Wettbewerb des Jahres 1939 quer über Deutschland von Freiburg bis Stettin vom 18. Juni bis 2. Juli bestritten 22 Leistungsflieger. Trotz der ungünstigen Wetterlage erreichten 14 Segelflieger das Ziel Stettin nach 840 km Flugstrecke. Sieger wurde Kurt Schmidt – München auf „Mü 13" mit 560 Punkten vor Otto Braeutigam – Dresden auf „Weihe" mit 531 Punkten, 3. Bernhard Flinsch – Darmstadt 466 Punkte auf „D-30", 4. Heinz Huth – Hamburg auf „Reiher" 450 Punkte, 5. Helmut Reukauf – Gitter 426 Punkte, 6. Hanna Reitsch – Darmstadt 404 Punkte, 7. Werner Fick – Stettin 386 Punkte, 8. Max Beck – Hornberg 378 Punkte, 9. Hermann Zitter – Darmstadt 361 Punkte, 10. Erwin Kraft – Hornberg 354 Punkte, 11. Ludwig Hofmann – Trebbin 329 Punkte, 12. Franz Medicus – Hesselberg 271 Punkte.

Zum Wettbewerb 1939, der 20. Rhön, erlebte das Fliegerlager auf der Wasserkuppe seinen endgültigen Ausbau. Durch das neue Fliegerringhaus und das Lilienthalhaus entstand ein großes Gebäudeviereck, in dessen Innenhof ein Freischwimmbad errichtet worden war. Im Lilienthalhaus hatte der Weimarer Architekt Ernst Flemming eine „Ehrenhalle der Flieger" entworfen, die ihr gedämpftes Licht aus den glühenden Farben eines Glasgemäldes, gestaltet von Ehrhardt Klonk, erhielt. Inmitten der mit tiefschwarzen Marmorplatten ausgelegten Halle ruhte der tote Flieger, ein steinernes Bildnis, geschaffen von dem Düsseldorfer Bildhauer Josef D. Sommer. Zu den Füßen dieses Ehrenmals die letzten Worte Lilienthals „Opfer müssen gebracht werden."

In der 20. Rhön fast 75 000 km motorlos über Deutschland

Dieser 20. Rhön-Wettbewerb war zugleich der Höhepunkt der Segelfluggeschichte vor dem Zweiten Weltkrieg. 74 532 Flugkilometer wurden von den 72 Flugzeugführern der drei Klassen über Deutschland erzielt. Die Mannschaften legten in diesen 14 Tagen 312 000 km auf den Straßen Deutschlands zurück, und das meist in den Nachtstunden. Die Elite der deutschen Segelflieger flog in dem 14tägigen Kampf 2150 Segelflugstunden, 597 Streckenflüge, darunter 100 Flüge über 200 km, 24 Flüge über 250 km, 14 Flüge über 300 km und 17 Flüge über 350 km; die Bestleistung war der Flug des jungen Grafen von Treuberg mit 392 km nach Greiffenberg in Schlesien. 99 Zielstreckenflüge, wobei die größte Strecke Wasserkuppe–Görlitz über 361 km von sechs Wettbewerbsteilnehmern erreicht wurde: Schuchardt – Berlin, Fick – Stettin, Haase – Berlin, Braeutigam – Dresden, Opitz – Darmstadt, Kraft – Hornberg. Neun Flüge führten über 4000 m Höhe, drei davon über 5000 m. Die größte Höhe erflog Werner Fick mit 5790 m.

Dieser 20. Rhön-Wettbewerb wurde unter den 42 Flugzeugführern ein erbitterter Zweikampf zwischen Kurt Schmidt und Erwin Kraft. Der Münchner führte vom dritten Tag an, wurde dann aber drei Tage vor Ende des Wettbewerbes von dem jungen Fluglehrer aus Hornberg überholt. Am vorletzten Tag lagen sie fast gleichauf. Letzter Tag: Kraft war bereits gestartet. Schmidt, von Cottbus zurückgeschleppt, landete kurz nach 11 Uhr. Schnell wurde sein „Condor III" wieder auf den Westhang gebracht, und während er den Fallschirm anlegte, ein Stück Brot verschlingend, orientierte er sich über die Lage, schnallte sich fest und dann wieder: Ausziehen! Laufen! Los! Schmidt war um 11.50 Uhr erneut in der Luft. Er konnte aber Erwin Kraft nicht mehr einholen. Kraft siegte auf seinem „Reiher III" mit 2550,2 Punkten vor Kurt Schmidt mit 2533,7 Punkten! 3. wurde Karl Treuter – Jena auf „Weihe" mit 2331,2 Punkten, der mit 2898 km die größte Flugstrecke erzielt hatte, 4. Ernst-Günter Haase – Trebbin auf „Condor III" mit 2295 Punkten, 5. Otto Braeutigam – Großrückerswalde auf „Condor III" mit 2256,7 Punkten, 6. Ludwig Hofmann – Trebbin auf „Weihe" mit 2185 Punkten, 7. Jörg Schuchardt – DVL-Berlin auf „B 6" 2175,5 Punkte, 8. Hubert Graf von Treuberg – München auf „Weihe" 2168,2 Punkte, 9. Wolfgang Späte – DFS Darmstadt auf „Reiher V" 2094,5 Punkte, 10. Bernhard Flinsch – DVFL Darmstadt auf „Mü 17" 2057 Punkte, 11. Rudolf Opitz –Darmstadt auf „Weihe" 2037,2 Punkte, 12. Heinz Huth – Hamburg auf „Reiher III" 1983 Punkte.

In der Klasse der Doppelsitzer siegten unter 18 Besatzungen Kühnhold/Schröder – Dresden mit 1105 Punkten vor Romeis/Prestele – München 995 Punkte, Mudin/Delomeurant – Luftwaffe 705 Punkte, Vergens/Malchow – Trebbin 639,5 Punkte, alle auf „Kranich". In dem erstmals durchgeführten Wettbewerb der Nachwuchsflieger, die noch an keinem Rhön-Wettbewerb teilgenommen hatten, gewann unter 12 Teilnehmern Päsold – Nürnberg vor Urban – Düsseldorf, Hanno Schöck – Hamburg und Georg Bauer – München, alle auf „Mü 13 d".

1939 war das letzte Jahr einer sich ständig steigernden Entwicklung über 20 Jahre. Wurden 1937 in Deutschland noch 778 999 Starts durchgeführt, waren es 1938 1 034 887, erreichte der deutsche Segelflug 1939 die bislang noch immer nicht erreichte Rekordzahl von 1 507 763 Starts. Außerhalb der Rhön wurden folgende besondere Segelflugleistungen vollbracht: Rhinow–Tiefenried 525 km, Trebbin–Remscheid 440 km, Rhinow–Köln 430 km, Zielstreckenflüge Trebbin–Holzkirchen 496 km, Großrückerswalde–Wien 362 km, Trebbin–Nürnberg 346 km. Die ISTUS vergab im letzten Friedensjahr 1633 Silberne Leistungsabzeichen, davon allein 1232 nach Deutschland, von den 38 Gold-C fielen 31 nach Deutschland, drei in die USA und je eine nach England, Frankreich, Ägypten und Südafrika.

Flug in die Stratosphäre

Prof. Georgii hatte auf Grund der Zeitereignisse 1934 Abschied von der Rhön genommen. „Noch einmal wanderte ich über die Wasserkuppe und besuchte alle Segelhänge, von denen jeder seine Erinnerung und Geschichte hatte ... Ich konnte ruhigen Herzens Abschied nehmen, denn das Versprechen, welches ich einst Brandenburg im Jahre 1926 bei Übernahme des Instituts gegeben hatte, war eingelöst. Auf dem Weg der Forschung hatte ich den Segelflug vom Gebirgshang weg zum thermischen Flug über der Ebene geführt. Vom thermischen Segelflug ging der Aufstieg weiter zum Wolken- und Frontsegelflug, dem noch in meinem letzten Rhönjahr der Schnellflug unter Wolkenstraßen gefolgt war." Prof. Georgii blieb dem Segelflug im Darmstädter Institut weiter verbunden und erreichte noch im ersten

Deutschlands Segelflugschulen bis 1940

Kriegsjahr die Erfüllung eines noch höheren Zieles, das Abschluß der großen Epoche 1920 bis 1940 und zugleich Wegweiser für eine spätere Weiterentwicklung wurde. „Es war stets mein heimlicher Wunsch, den motorlosen Flug einmal dahin zu bringen, daß er zu ähnlichen Höhen emporsteige, wie der Motorflug. Im Wolkensegelflug konnte man bis 10 000 m, also die ganz Troposphäre, motorlos durchsteigen. Sollte es nicht auch einmal möglich sein, in der Stratosphäre motorlos zu fliegen? Als man in Grunau den Wellensegelflug entdeckt hatte, ergab sich, an ihn anknüpfend, eine neue Theorie über den Segelflug in der Stratosphäre. In einem Vortrag vor der Deutschen Akademie der Luftfahrtforschung wies ich im Jahre 1939 zum ersten Male darauf hin, daß die in der Troposphäre entdeckten stationären Wellen bis in die Stratosphäre emporreichen, daß die in 25 km Höhe auftretenden Perlmutterwolken den gleichen Ursprung haben wie die von Grunau bekannten Moazagotlwolken geringerer Höhe und daß demnach Föhnwellen bis in größte Höhen reichen und ein Wellensegelflug in der Stratosphäre möglich sein müßte. Dieses Problem des Stratosphärensegelfluges habe ich auch in den Kriegsjahren durch Segelflüge im Bereich des Großglockner weiter verfolgen lassen, mit dem Erfolg, daß Erich Klöckner, einer der besten Forschungspiloten meines Instituts, am 11. Oktober 1940 zum ersten Male im Wellensegelflug auf 11 400 m emporsteigen und so dem Segelflug den Weg in die Stratosphäre weisen konnte."

Auch dieser Flug eröffnete der Gesamtluftfahrt neue Erkenntnisse. Nachdem Erich Klöckner als erster gezeigt hatte, daß man in den Wellen des Alpenföhns auf 11 km Höhe im Segelflug emporsteigen kann, haben die Fortsetzung dieser Arbeit in den Jahren um 1950 die hervorragenden Stratosphärenflüge der amerikanischen Segelflieger unter Leitung des deutschen Wissenschaftlers Dr. Joachim Küttner in der Sierra Nevada weitere Erkenntnise über die Wellen erbracht, die in Gebirgen unter dem Einfluß einer Höhenstrahlströmung stehen. Der Segelflug kann in der Tat darauf stolz sein, daß er durch diese Forschungsflüge auch berufen war, den modernsten Luftverkehr über die Turbulenz der Höhenstrahlströmung beraten zu können. Dr. Küttner war es auf einem dieser Forschungsflüge selbst gelungen, erstmals exakte Registrierungen der Größe der horizontalen und vertikalen Turbulenz der Höhenstrahlströmung zu erhalten und auf thermokonvektive, vertikale Umlagerungen aufmerksam zu machen, die in Höhen von 9–12 000 m bis dort unbekannt waren. So konnte der Segelflug an der vordringlichen Lösung dieses Problems entscheidend mitwirken.

Internationaler Wettbewerb auf der Wasserkuppe
I. Weltmeisterschaft

Unvergessen die Wettbewerbe der Rhön, unvergessen jene Jahre des Bastelns und Suchens, unvergessen die langen Jahre der Leistung. Jeder kannte jeden dort oben auf der Wasserkuppe, jeder respektierte jeden. Mit dem Kommando „Ausziehen – Laufen – Los!“ wird in der Geschichte des Segelfluges immer verbunden sein die Rhönromantik, der Rhöngeist, die Leistungen der Rhön.
Erlebnismäßiger Höhepunkt war der erste große Internationale Segelflug-Wettbewerb von 40 Segelfliegern mit 28 Flugzeugen aus sechs Nationen vom 4. bis 18. Juli 1937 auf der Stätte der Tradition, auf der Wasserkuppe. Wieviele Vorurteile wurden damals abgebaut. Wieder begann auf der Wasserkuppe eine stolze Wettbewerbsserie, die in der Nachkriegszeit zum Höhepunkt des Segelfluges werden sollte. Die Tage der Internationalen Rhön 1937 auf der Wasserkuppe waren der Beginn jenes Erlebnisses, von dem „Pirat“ Gehriger, der verdienstvolle Präsident der Internationalen Segelflugkommission der FAI bei der Schlußfeier der VIII. Segelflug-Weltmeisterschaften 1960 in Köln sagte: „Man sagt, es stehen vor mir die Vertreter von 24 Na-

tionen. Meine lieben Freunde, ich sehe vor mir eine Nation, das Volk der begeisterten Segelflieger, die einzige Nation, die im Himmel lebt."

Alle teilnehmenden Nationen erflogen sich in den 14 Tagen wahrer internationaler Fliegerkameradschaft des Wettbewerbs 1937 neue Rekorde: Mynarski – Polen schuf mit 351 km neuen polnischen Streckenrekord, den gleichen Rekord segelten für ihr Land Emi von Roretz – Österreich mit 194 km, Sandmeier – Schweiz 209 km, Watt – England 178 km und Prachar–Tschechoslowakei 91 km. Auch die deutsche Rekordliste erfuhr mit der neuen Streckenweltbestleistung von Hanna Reitsch für Frauen mit 351 km eine schöne Bereicherung, und schließlich trugen sich die Engländer Murray und Fox mit ihrem Dauerflug von 9,48 Stunden auf ihrem Doppelsitzer „Falcon" sogar in die Weltrekordliste ein, nachdem die FAI seit Frühjahr 1937 in der Klasse D für Segelflugzeuge auch Rekorde für Doppelsitzer führte. Sieger wurde Heini Dittmar, der überlegen diesen einzigartigen Wettbewerb gewann, gefolgt von seinen Kameraden Ludwig Hofmann und Wolfgang Späte. An 4. Stelle folgte in dem tapferen Schweizer Sandmeier der beste Ausländer des Wettbewerbes vor den beiden übrigen Deutschen Kurt Schmidt und Hanna Reitsch. Den Streckenpreis teilten sich Hanna Reitsch und Heini Dittmar mit dem Polen Mynarski, die bekanntlich am ersten Tag 351 km erstmals in der Segelfluggeschichte nach Hamburg geflogen waren. Die Höhe holte sich der Pole Zabski mit 3295 m, während der Kampf um die größte Gesamtflugzeit zwischen den Engländern und Österreichern mit einem klaren Sieg von Frena – Österreich endete, der über 19 Stunden an den Hängen der Wasserkuppe segelte, an denen auch die Jugoslawen, mit über 5 Stunden, die Bedingungen für das Leistungsabzeichen schafften. Der Wettbewerb übertraf in sportlicher, leistungsmäßiger und kameradschaftlicher Hinsicht alle Erwartungen und gab ihm einen bleibenden Platz in der Segelfluggeschichte. Der Streckenflug des Polen Mynarski, der

Höhensieg des Polen Zabski, der 4. Platz des Schweizers Sandmeier in der Gesamtwertung hatten bewiesen, daß der Segelflug internationaler Spitzensport geworden war. Er hatte sich von der Wasserkuppe aus die Welt erobert, er war weltweit geworden und sollte deshalb nach einem Beschluß des Internationalen Olympischen Komitee bei den Olympischen Spielen 1940 auch olympische Disziplin werden. Die Spiele der Jugend fielen dem Weltbrand zum Opfer. Geblieben war im Segelflug nur die Vorbereitung: ein einheitliches Segelflugzeug für die Teilnahme aus aller Welt. Es wurde im Februar 1939 von sieben international anerkannten Flugzeugführern unter fünf Konstruktionen aus Deutschland, Italien und Polen in einer einwöchigen Prüfung ausgesucht. Die Wahl fiel auf DFS „Meise“, eine Konstruktion von Hans Jacobs, die seitdem den Namen „Olympia“ trug.

1948 über dem Schweizer Hochgebirge in Samedan

Als nach dem großen Krieg 1948 die Jugend der Welt sich wieder in London zu den Olympischen Spielen traf, lehnte Großbritannien die Durchführung der Segelflug-Wettkämpfe als olympische Disziplin ab. Darüber war Adolf Gehriger, dem als Präsident der Internationalen Segelflugkommission der FAI das Verdienst zukommt, den Segelflug nach 1945 wieder aufgebaut zu haben, derart verärgert, daß er in wenigen Wochen eine Internationale Segelflugkonkurrenz der FAI vom 19. bis 31. Juli auf dem Oberengadiner Flugplatz Samedan durchführte. Dr. Walter Dollfus, der liebevolle Pressebetreuer des Schweizer Segelfluges, schrieb im Geleitwort des Erinnerungsheftes: „Es soll nicht nur dazu dienen, der ISFK-FAI 1948 ein bleibendes, äußeres Denkmal zu setzen, die sich aus dieser Veranstaltung ergebenden reichen technischen und sportlichen Erfahrungen und Lehren zusammenfassen, damit sie auch in Zukunft zweck-

entsprechend verwertet werden können, sondern um vor allem den Geist echter Kameradschaft, welcher während dieser unvergeßlichen Wochen die Angehörigen von acht Ländern beherrschte, der kommenden Segelfliegergeneration als kostbares Vermächtnis zu erhalten.
Das Olympische Komitee hat es für nötig befunden, uns darauf aufmerksam zu machen, daß wir nicht berechtigt seien, uns ‚Segelflug-Olympiade' oder dergleichen zu nennen. Es stimmt, der Stempel ist noch nicht aufgedrückt, er wird es vermutlich erst 1952 in Finnland sein! Und dennoch erlauben wir uns, hier die Feststellung zu machen, daß vom 19. bis 31. Juli 1948 in Samedan ein olympischer Geist herrschte, der als hundertprozentig bezeichnet werden kann. Es wurde erbittert, aber restlos fair gekämpft. Jeder freute sich rückhaltlos über den Erfolg des anderen. Das nationale Moment trat zurück, das kameradschaftliche stand vorn."
28 Flugzeugführer aus Schweden, England, Frankreich, Finnland, Italien, Spanien, Ägypten und der Schweiz erflogen auf 29 Segelflugzeugen der verschiedensten Konstruktionen bei 488 Starts 874 Stunden. Neben Zielflügen und Zielflügen mit Rückkehr sowie einer Höhenwertung wurde erstmals ein Dreiecks-Zeitflug über 100 km ausgeschrieben, der durch den Schweizer Sieger Siegbert Maurer gleichzeitig den ersten Weltrekord dieser Disziplin ergab. Gesamtsieger wurde der Schwede Per Axel Persson mit 27 086 Punkten, sein bester Flug war der großartige Zielflug von Samedan über die Bergwelt der Alpen nach Genf. Er war bereits kurz vorher weltberühmt geworden durch seinen Höhenweltrekord von 8600 m Startüberhöhung. Den 2. Platz belegte Schachenmann – Schweiz mit 26 258 Punkten vor seinem Landsmann Hans Kuhn mit 25 970 Punkten und dem Schweden Magnusson mit 22 319 Punkten.
In Frankreich wurde Altmeister Nessler von zahlreichen jungen Segelfliegern eingeholt. In England blieb Philip Wills seit 1935 in der Spitzengruppe der Segelflieger des Landes. 1951 ge-

HEINZ HUTH –
eine einmalige Persönlichkeit im internationalen Segelflug.
Einmalig in Deutschland: achtfacher Deutscher Meister.
Einmalig in der Welt: der bisher einzige zweifache Weltmeister, 1960 in Köln, 1963 in Junin, Argentinien.

Erster großer Erfolg: 1937 Sieger im Zielflugwettbewerb Wasserkuppe – Berlin und zurück, letzter großer Erfolg 1968 mit 60 Jahren Tagessieger bei den Segelflug-Weltmeisterschaften in Polen.

Der Weltmeister und seine Pokale nach dem Sieg in Junin in Argentinien 1963. Neben Heinz Huth seine Frau, von ihm „Taube" genannt, treuester Helfer in allen seinen Wettkämpfen, rechts José Ortner, einer der bekanntesten Segelflieger Südamerikas.

Die vier erfolgreichsten Piloten der Offenen Klasse 1963 in Junin, v. l.: Dick Johnson (Teilnehmer mehrerer Weltmeisterschaften, 1963 Vierter der Offenen Klasse, mehrfacher Soaring Champion of America, lange Jahre Inhaber des Streckenweltrekordes mit 851 km),
Jerzy Popiel, Polen (1960 Dritter, 1963 Vizeweltmeister, 1965 Vierter der Segelflug-Weltmeisterschaften), Edward Makula, Polen (1960 Vizeweltmeister, 1963 Weltmeister, 1965 Vierter in der Offenen Klasse), Richard E. Schreder, USA Teilnehmer mehrerer Weltmeisterschaften, 1963 Dritter, mehrfach Soaring Champion of America, Inhaber mehrerer Geschwindigkeits-Weltrekorde, 1959 mit der Lilienthal-Medaille der FAI ausgezeichnet). Der Gratulant: Rolf Hossinger, Argentinien, Weltmeister 1960 in der Offenen Klasse.

wann „Jak“ Forbes die Nationalmeisterschaft. In Finnland führten Temmes und Haltiala. Meister der Segelflieger in Südafrika war für Jahre Heli Lasch. Hervorragend sind wiederum die Ergebnisse in Polen, einem Land, das schon immer führend in der Geschichte des Segelfluges war.

1950 noch immer kein Segelflug in Deutschland – aber die Weltmeister fliegen deutsche Flugzeuge

In Amerika erlebte die Rekordliste eine geradezu sprunghafte Entwicklung. John Robinson gewann 1946 zum vierten Male die amerikanische Meisterschaft. Dann kam mit Paul McCready einer aus der jungen Generation, die neben den finanziellen Mitteln auch über das nötige Können, über Mut und Ausdauer verfügt, um in die Spitzengruppe vorzustoßen.
Noch immer hofften die Segelflieger auf den Olympischen Wettkampf. Als aber das Internationale Olympische Komitee den Segelflug im Programm der Spiele 1952 wiederum nicht vorsah, entschloß sich die FAI nach einem Schweizer Vorschlag auf ihrer Sitzung 1951 in Cleveland, im zweijährigen Turnus eine Weltmeisterschaft auszutragen, deren Durchführung für 1950 dem Aero-Club von Schweden anläßlich seines 50jährigen Bestehens übertragen wurde. Es sollten die ersten offiziellen Weltmeisterschaften sein. Die 29 Teilnehmer aus 11 Nationen kamen aber in Oerebro in Schweden begeistert überein, bereits die Tage der Internationalen Rhön 1937 und den Wettbewerb in Samedan 1948 zur Weltmeisterschaft zu erklären. Damit wurde die Wasserkuppe nachträglich zum Schauplatz der 1. Weltmeisterschaft der Segelflieger.
Die Weltmeisterschaft in Schweden wurde ein prachtvoller sportlicher Wettkampf zwischen dem Favoriten Paul McCready – USA und dem jungen Schweden Billy Nilsson, der am letzten Tage mit einem wagemutigen Flug in die Gebirge im Norden

Schwedens sich den Titel sicherte. Die großartige Leistung des Schweden und des Amerikaners, die beide die deutsche Konstruktion „Weihe" flogen, spiegelt sich auch im Punkteergebnis. Nilsson kam auf 866,756 Punkte und McCready auf 844, 988 Punkte. Zur allgemeinen Überraschung folgten dann nicht die bekannten Leistungsflieger aus der Schweiz, aus Frankreich und England, auch nicht die übrigen Schweden, sondern Borisek und Arbajter, zwei bis dahin unbekannte Jugoslawen. Sie kamen auf 778 und 750 Punkte. Dann folgten die drei Schweden Magnusson, Persson und Löf vor dem Schweizer Gehriger und Fonteilles – Frankreich. Die Weltmeisterschaft wurde an sechs Flugtagen ausgetragen, in denen je zwei Streckenflüge, Zielflüge und Schnellflüge ausgeschrieben waren. Deutschland gehörte noch nicht zu den Nationen der Weltmeisterschaft in Schweden. Und doch war der deutsche Segelflug ruhmreich vertreten. Nicht weniger als 17 der 29 Flugzeugführer aus 11 Nationen benützten deutsche Segelflug-Konstruktionen. Die Siegesserie der „Weihe" in der Spitzengruppe dieser Weltmeisterschaft wurde nur durch den 3. Platz der Jugoslawen mit ihrer aufsehenerregenden Neukonstruktion „Orao II" unterbrochen. Die Teilnehmer dieser Weltmeisterschaft schickten eine Bittschrift mit all ihren Unterschriften an die Siegermächte des Zweiten Weltkrieges, doch wieder den Segelflug in Deutschland zuzulassen. 1951 war es soweit. Und so konnten deutsche Segelflieger erstmals wieder bei den Weltmeisterschaften 1952 starten, die vom 30. Juni bis 13. Juli auf dem Flugplatz Cuatro Vientos bei Madrid zur Durchführung gelangten. Mit einer Beteiligung von 59 Piloten aus 19 Nationen wurden die Tage von Carabanchel das bis dort größte Fliegerfest der Welt. Auffallend die Tatsache, daß fast sämtliche Nationen mit Eigenkonstruktionen an den Start gingen, wobei die englische Slingsby Sky zu einem großartigen Erfolg kam. Die Weltmeisterschaft wurde zu einem spannenden Zweikampf zwischen dem 50jährigen englischen Pionier Philip Wills und dem kaum 20jährigen

Franzosen Gérard Pierre. Pierre führte durch zwei Tagessiege souverän, nach dem dritten Tag lag Wills dicht hinter ihm, am Ende der vierten Disziplin knapp vor Pierre und sicherte sich durch den zweiten Geschwindigkeitsflug den Titel eines Weltmeisters mit 4333 Punkten vor Pierre mit 4048 Punkten. Mit Forbes belegte ein Brite bereits wieder den 3. Platz, nur wenige Punkte hinter Pierre (4043 Punkte), 4. Cuadrado – Argentinien (die große Überraschung) 3853 Punkte, 5. Gehriger – Schweiz 3752 Punkte, 6. McCready – USA 3569 Punkte, 7. Ordelman – Holland 3432 Punkte. Der einzige Deutsche dieser Klasse, Ernst-Günter Haase, kam auf den 12. Platz unter 39 Teilnehmern. In dem erstmals als Weltmeisterschaft ausgetragenen Doppelsitzer-Wettbewerb schnitt Deutschland wesentlich günstiger ab. Mit dem „Kranich III" und dem „Condor IV" brachte hier Deutschland auch neue Konstruktionen. Nach dem Sieger Luis Vicente Juez – Spanien, der sich am Tage des Zielfluges einen nicht mehr einzuholenden Vorsprung sicherte, folgten Dr. Frowein – Deutschland auf „Kranich III" mit 3612 Punkten und Hanna Reitsch, ebenfalls auf „Kranich III" mit 3426 Punkten, 4. Mantelli – Italien 3214 Punkte, 5. Kahva – Finnland 3146 Punkte, 6. Beubby – USA 3108 Punkte, 7. Kensche – Deutschland 2897 Punkte, 11. Ziegler – Deutschland 2517 Punkte.
Leider verunglückte bei der letzten Landung der bekannte Alpenflieger Ziegler durch eine Windhose so schwer, daß er später an einer Komplikation verstarb. Mit ihm verlor der deutsche Segelflug einen seiner beliebtesten, sympathischsten Kameraden und hervorragenden Flieger.
Im Anschluß an die Weltmeisterschaften führte der Deutsche Aero-Club auf dem Klippeneck (Württemberg) ein internationales Freundschaftsfliegen durch, zu dem Schweizer, Australier und Argentinier erschienen und dessen Höhepunkt die neue Weltbestleistung im Geschwindigkeitsflug von Ernst-Günter Haase war, der auf „Condor IV" im 100-km-Dreieckskurs eine Durchschnittsgeschwindigkeit von 80,90 km erreichte.

1954 fanden die Weltmeisterschaften in Camphill in Mittelengland statt. Die 44 besten Segelflieger aus 19 Nationen hatten in der Zeit vom 20. Juli bis 4. August mit den denkbar schwierigsten Wetterverhältnissen zu kämpfen. Um so erstaunlicher die erzielten Leistungen. Weltmeister wurde der junge Franzose Gérard Pierre aus Paris. Er krönte seine bisherige Laufbahn. Knapp hinter dem Engländer Wills folgte August Wiethüchter, der sich 1953 in Oerlinghausen als bislang Unbekannter in die Spitze der deutschen Leistungsflieger vorgeschoben hatte und nunmehr auch sein internationales Format bewies, führte er doch lange in Camphill und ließ schließlich noch so bekannte Segelflieger wie Paul McCready – USA, Relander – Finnland, Persson – Schweden und Rousselet – Frankreich hinter sich. Souverän siegten in der Klasse der Doppelsitzer die Jugoslawen Rain/Komac auf „Kosava“, ein prächtig eingespieltes Team mit einer ausgezeichneten Maschine.

„Sky“ und „Bréguet“ führen

Die Weltmeisterschaften in Spanien und England brachten im internationalen Segelflug nun auch die Ablösung der deutschen Konstruktionen. In Spanien dominierte das englische Segelflugzeug „Sky“, in England der französische Entwurf „Bréguet 901“, mit dem auch die Weltmeisterschaft 1956 in Frankreich gewonnen wurde.

Die 6. Weltmeisterschaft auf dem großen Flugplatz von Saint Yan in der weiten Ebene der Loire vom 29. Juni bis 13. Juli 1956 brachte endlich den großen Erfolg für den Amerikaner Paul McCready, der nach dem Zweiten Weltkrieg zu den besten Segelfliegern der Welt gehörte. Die Weltmeisterschaft in Frankreich wurde mit 71 Teilnehmern aus 25 Nationen der bis dort größte Erfolg des internationalen Segelflugs. In der Klasse der Einsitzer siegte der schweigsame Amerikaner McCready über-

legen mit 4891 Punkten vor dem Spanier Juez, der sich noch am letzten Tage mit 3806 Punkten an die 2. Stelle setzen konnte und damit den Polen Gorzelak mit 3576 Punkten an die 3. Stelle verdrängte. Hanna Reitsch war mit dem 9. Platz unter 45 Teilnehmern in der Klasse der Einsitzer erfolgreichster deutscher Teilnehmer. Mit dem „Zugvogel" flog sie in der Spitzengruppe die einzige deutsche Konstruktion, die sonst von den britischen Konstruktionen „Sky", „Olympia IV" und „Skylark", von der französischen Siegermaschine „Bréguet 901", von der polnischen Konstruktion „Jaskolka", von der jugoslawischen Weiterentwicklung „Meteor" und von der kostspieligen Schweizer Maschine „Elfe" beherrscht wurde. In der letztmalig durchgeführten Weltmeisterschaft für Doppelsitzer gewannen die Engländer Goodhart/Foster vor den Jugoslawen Rain/Stepanovic. Die Deutschen Haase/Heinzel mußten sich unter 13 Besatzungen mit dem 9. Platz zufriedengeben.
Im Rahmen der Segelflug-Weltmeisterschaften beschloß die FAI-Segelflugkommission unter Leitung des Schweizer „Pirat" Gehriger bei künftigen Weltmeisterschaften die Sonderwertung für Doppelsitzer zu streichen. Dafür wurde die Klasse der Einsitzer geteilt. Seit 1950 kamen in aller Welt großartige Neukonstruktionen heraus, die als „Super-Schiffe" oder „Orchideen" so kostspielig wurden, daß sie nur noch von wenigen Nationen finanziert werden konnten. Diese Freiheit der Konstrukteure sollte für den Fortschritt bleiben. Ihre Flugzeuge wurden zusammengefaßt in der „Offenen Klasse". Um aber allen Segelfliegern die Teilnahme an den Weltmeisterschaften zu ermöglichen, schuf man neben der Offenen Klasse die „Standard-Klasse", in der nur serienmäßig hergestellte Segelflugzeuge mit einer Spannweite bis zu 15 m starten durften.

Ernst-Günter Haase wurde Weltmeister

Die Segelflug-Weltmeisterschaften 1958 in Polen wurden zum ersten großen Erfolg des deutschen Segelfluges nach dem Zweiten Weltkrieg. Vom ersten Wettbewerbstag an führte Ernst-Günter Haase in der Offenen Klasse auf seiner HKS 3 und gab diese Spitzenstellung bis zum letzten Tage nicht mehr ab. Ernst-Günter Haase krönte mit dieser Weltmeisterschaft seinen jahrzehntelangen Einsatz für den Segelflug, nicht minder seine langjährige Arbeit in der Entwicklung und Erprobung der fliegerischen Ideen in der HKS-Konstruktion. Der deutsche Erfolg wurde mit einem 8. Platz von Jakob Laur in der Offenen Klasse und mit dem 3. Platz von Heinz Huth in der erstmals eingeführten Standardklasse vollständig. Gleichzeitig verlieh die OSTIV, die ihre Jahrestagung mit den Weltmeisterschaften durchführt, ihre höchsten Auszeichnungen an deutsche Techniker und Wissenschaftler. Der OSTIV-Preis für das beste und erfolgreichste Flugzeug der Standardklasse wurde von einer internationalen Jury Rudolf Kaiser, Coburg, für die Konstruktion der Ka 6 zugesprochen, und Dr. Küttner erhielt die OSTIV-Plakette für seine wissenschaftlich und fliegerisch gleich wertvollen Arbeiten.
Ernst-Günter Haase siegte in der Offenen Klasse unter 37 Teilnehmern aus 18 Nationen mit 5651 Punkten vor dem Engländer Nick Goodhart auf „Skylark 3“ mit 5172 Punkten und R. Mestan – CSR auf „Demant“ mit 5124 Punkten, dem bisher größten Erfolg eines tschechoslowakischen Fliegers bei den Weltmeisterschaften. In der Standardklasse hatte der Pole Adam Witek mit 5232 Punkten große Mühe, den schwedischen Rekordflieger Per-Axel Persson, einem der Erfolgreichsten im internationalen Segelflug, mit 5086 Punkten auf den 2. Platz zu verweisen. Mit ihnen stieg Heinz Huth erstmals bei einer Weltmeisterschaft als Dritter auf das Siegerpodium der 24 Teilnehmer aus 15 Nationen. Mit dem Siegerflugzeug HKS 3 begann in Deutschland

eine neue Entwicklungsepoche im Segelflugzeugbau, die Deutschland wieder zur führenden Nation der Welt machte. Unerreicht blieb für die nächsten 12 Jahre in der Standardklasse die Ka 6. Sie erlebte die bisher größte Serie aller Segelflugzeuge, war Höhepunkt und Abschluß der Periode im Sperrholzbau.

1960: Weltmeisterschaft in Deutschland

1960 war Deutschland Schauplatz der Weltmeisterschaften. Auf dem Butzweilerhof bei Köln trafen sich in der Offenen Klasse 20 Teilnehmer aus 15 Nationen, in der Standardklasse 35 Teilnehmer aus 22 Nationen. Die Sensation war die polnische Mannschaft und ihre Flugzeuge. „Zefir" und „Foka" gaben der Weiterentwicklung im Segelflug entscheidende Impulse. Die Polen führten lange Zeit. Einmal „abgesoffen" aber kostete ihnen den Sieg. Durch gleichmäßige Leistungen, täglich in der Spitzengruppe, siegte in der Offenen Klasse der bis dort vollkommen unbekannte, vielseitige Sportler Rolf Hossinger aus Argentinien mit 5102 Punkten vor den beiden Polen Edward Makula und Jerzy Popiel mit 5079 bzw. 5020 Punkten. In der Standardklasse lag Heinz Huth von Anfang an in der Spitzengruppe, feierte unter den sechs Wettbewerbsflügen zwei Tagessiege und wurde mit 5619,1 Punkten überlegener Weltmeister als Höhepunkt seiner langjährigen Laufbahn, die 1937 in der Rhön mit dem Sieg im ersten Zielflugrennen Wasserkuppe—Berlin und zurück begonnen hatte. Zweiter wurde Münch – Brasilien mit 5237 Punkten vor Adam Witek – Polen mit 5201 Punkten. Damals sprach „Pirat" Gehriger als Präsident der Internationalen Segelflugkommission das richtunggebende Wort: „. . . Wenn die Weltmeisterschaften in St. Yan in die Geschichte des Segelflugs einging als die der hochgezüchteten teuren Segelflugzeuge, so mag das Welttreffen in Köln den Auftakt bilden zu der neuen Ära des Kunststoffes im Segelflugzeugbau."

Heinz Huth als erster Segelflieger zum zweiten Male Weltmeister

Seinen größten Triumph aber feierte Heinz Huth drei Jahre später am Himmel über der Pampa, als es ihm bei den Weltmeisterschaften in Argentinien als erstem Segelflieger der Welt gelang, seinen Titel erfolgreich zu verteidigen. Wieder wurde er, erneut auf seiner Ka 6 „Alte Liebe", überlegener Weltmeister in der Standardklasse unter 38 Teilnehmern aus 23 Nationen mit 6221 Punkten vor dem Franzosen Jacki Lacheny mit 5356 Punkten und dem Finnen Juhani Horma mit 5291 Punkten. In der Offenen Klasse wurde das jahrelange Bemühen der Polen mit einem Doppelerfolg belohnt. Weltmeister wurde Makula mit 6107 Punkten vor seinem Landsmann Popiel mit 5638 Punkten und dem amerikanischen Individualisten, Flieger und Konstrukteur Dick Schreder mit 5257 Punkten. Den 7. Platz belegte Rolf Spänig aus Deutschland. Zum ersten Mal waren mit den Weltmeisterschaften von Junin in Argentinien auf dem Flugplatz an der Laguna de Gomez vom 3. bis 24. Februar 1963 die Titelkämpfe außerhalb Europas ausgetragen worden, erneut ein Beweis, wie sich der Segelflug von der Wasserkuppe aus die Welt erobert hatte. Mit echt südländischem Begeisterungssturm wurden die Sieger nach jedem Tageserfolg, bei der Preisverteilung im Speisesaal des Flugplatzes und der Jubelfahrt durch Junin gefeiert.
Die Weltmeisterschaften 1965 über South Cerny in England waren in der Geschichte des motorlosen Fluges mit 86 Flugzeugführern aus 28 Nationen die bis dort am stärksten besetzten Titelkämpfe. Das typisch englische Wetter dieses Sommers brachte den Weltmeisterschaften die größten Schwierigkeiten. In der Offenen Klasse verteidigte Polen unter 41 Teilnehmern aus 25 Nationen den Weltmeistertitel, diesmal durch den sportlich trainierten Jan Wroblewski mit 5269 Punkten. Mit ihm stiegen auf das Siegerpodest die beiden Deutschen Rolf Spänig

und Rolf Kunz, die auf den Neukonstruktionen „D 36" und „SHK" 5164 und 4990 Punkte erflogen hatten. Der Titelverteidiger Makula belegte mit 4971 Punkten den 4. Platz. In der Standardklasse ging der junge französische Düsenjägerpilot Francois Henry diesmal überlegter in den Kampf. In Junin hatte er bereits fünf Tage lang geführt und durch einen mißglückten Streckenflug den greifbar nahen Sieg verloren. Über England siegte er unter 45 Teilnehmern aus 28 Nationen auf der eleganten „Edelweiß" mit 4965 Punkten vor dem Schweizer Swissair-Kapitän Markus Rizi mit 4798 Punkten und den beiden Polen Franciscek Kepka und Jercy Popiel mit 4627 Punkten und 4578 Punkten. Achter wurde Rudolf Lindner, der als zweifacher Weltmeister im Modellflug bereits internationalen Erfolg hatte. Heinz Huth konnte den Ausfall am ersten Tag nicht mehr wettmachen und mußte sich diesmal mit dem 14. Platz begnügen.

Die Kunststoffbauweise beginnt ihren Siegeszug im Segelflug

Eine weitere Steigerung in der internationalen Bedeutung erlebten die Weltmeisterschaften 1968 vom 9. bis 23. Juni in Leszno, dem Schauplatz der Titelkämpfe von 1958. Diesmal kamen nach Polen 109 Segelflugzeuge aus 32 Nationen. Über dem für europäische Verhältnisse ungewöhnlich großen und kilometerweit hindernisfreiem Gelände von Leszno und am Himmel von Polen war der Kampf lange umstritten. Die Entscheidungen fielen erst am letzten Tag in einem Zielflug mit Geschwindigkeitswertung über 200 km. Sieger in der Offenen Klasse wurde der Österreicher Harro Wödl auf der deutschen Neukonstruktion „Cirrus" mit 5730 Punkten vor dem Schweden Göran Ax auf „Phoebus C" mit 5673 Punkten. Fünfter wurde Heinz Huth, der in seinem letzten Weltmeisterschaftskampf erstmals in der Offenen Klasse gestartet war. In der Standardklasse gab es den ersten amerikanischen Sieg durch

Andrew Smith mit 5595 Punkten vor dem unverwüstlichen Per Axel Persson – Schweden mit 5545 Punkten und Rudolf Lindner, der auf „Phoebus" mit 5444 Punkten seinen bisher größten internationalen Erfolg erzielen konnte. In der Standardklasse starteten 1968 noch sechs Flugzeuge vom Typ Ka 6, die Kunststoffvögel mit den Mustern „Phoebus", „Libelle" und „ASW 15" waren bereits im Vormarsch.
Die Erlebnisse der Segelflug-Weltmeisterschaften gehören zu den stärksten Erinnerungen eines jeden Fliegerlebens. Es gibt keine Geheimnisse unter den Konstruktionen, die nach den Meisterschaften von den Piloten aller Nationen geflogen werden können. In wenigen Tagen herrscht Freundschaft unter den Teilnehmern, sicherlich ganz unbewußt aus den Gründen, die Prof. Georgii einmal so zusammenfaßte: „Wenn wir nachdenken, wer zum Segelflug gekommen ist, gleichgültig in welchem Land, so stellen wir fest, daß diese Menschen sich in vieler Hinsicht ähnlich sind, in Lebensführung, Pflichtgefühl, Naturliebe und in selbstloser Kameradschaft. Sie haben im Segelflug die Erfüllung ihres Ideals gefunden, nämlich die Fähigkeiten des Menschen durch die naturgegebenen Kräfte selbst zu steigern ... Sie wollen im lautlosen Flug eins sein mit der Natur, die Schönheit der Erde unter sich, die Weite des Himmels über sich und das Hochgefühl der Seele in sich."

Zwei fliegende Lehrer werden Weltmeister

Die Geschichte der Weltmeisterschaften erlebte 1970 mit den Rennen über Texas ihre schwersten Kämpfe – Kämpfe, die höchste körperliche, geistige und nervliche Leistungen forderten. Das mörderische Klima über Texas, die Lebensverhältnisse auf der verlassenen Bomberbasis County Air Port südwestlich der kaum 2000 Einwohner zählenden Straßensiedlung Marfa, die sehr hohen Anforderungen der Tageskonkurrenzen, die

nicht weniger als neun Wertungstage, das Leistungsniveau der besten Segelflieger auf den besten Segelflugzeugen aus aller Welt forderten ungewöhnliche Beanspruchungen. Dem deutschen Segelflug gereicht es zur höchsten Ehre, daß es dabei in der Nachkriegszeit die größten deutschen Erfolge gab. Alle vier deutschen Teilnehmer zählten zu den sechs Weltbesten der beiden Klassen. Überragend die Leistungen von Helmut Reichmann als Weltmeister der Standardklasse und des 47jährigen Hans-Werner Grosse als Vizeweltmeister der Offenen Klasse. Dazu die beiden 6. Plätze von Gerhard Waibel und Walter Neubert, der ohne sein unverschuldetes Pech am ersten Wertungstag sicherlich der Gesamtsieger geworden wäre, hatte er doch in den übrigen acht Wertungstagen die weitaus höchste Punktzahl aller Teilnehmer der Offenen Klasse erzielt.
In Marfa siegten zwei fliegende Pauker. In der Offenen Klasse der amerikanische Lehrer George Moffat, der 1968 über Polen noch Vierter war, in der Standardklasse der 28jährige Studienassessor Helmut Reichmann vom Mörike-Gymnasium in Esslingen. Reichmann erreichte damit die aufsehenerregendste Laufbahn des deutschen Flugsportes: 1966 Sieger im Junioren-Wettbewerb auf der Wasserkuppe, 1968 Deutscher Segelflugmeister, 1970 Weltmeister!
In der Offenen Klasse folgten George Moffat auf der deutschen Neukonstruktion „Nimbus", Hans-Werner Grosse auf „ASW 12", der Franzose Michel Mercier auf „ASW 12", George Burton – England auf „Kestrel 19", Edward Makula – Polen auf „Kobra 17" und Walter Neubert auf „Kestrel". In der Standardklasse lagen hinter Helmut Reichmann auf „LS 1" die bekannten Polen Jan Wroblewski und Franzciczek Kepka, beide auf „Kobra 15", Wolfgang Mix – Kanada auf „Standard-Cirrus", Allan Cameron – Neuseeland auf „Standard-Libelle", Gerhard Waibel auf „ASW 15" und der Titelverteidiger Andrew Smith – USA auf „LS 1". Der deutsche Beitrag zur Leistungssteigerung des internationalen Segelfluges wurde neben den fliegerischen

Erfolgen noch dadurch unterstrichen, daß 80 Prozent aller bei den Segelflug-Weltmeisterschaften in Marfa teilnehmenden Segelflugzeuge deutsche Konstruktionen waren. Seff Kunz, der verdienstvolle Leiter des deutschen Segelfluges seit 1935, hatte recht, wenn er auf dem Köln-Bonner Flughafen die deutsche Mannschaft mit den Worten empfing: „Mit Ihren großartigen Leistungen haben Sie dem deutschen Segelflug zu seinem Gold-Jubiläum das schönste Geschenk gemacht!“

Verbot nach dem Zweiten Weltkrieg

In Deutschland wurde mit der Proklamation Nr. 2 des Kontrollrates vom 29. Oktober 1945 „die Herstellung, der Besitz, die Unterhaltung oder der Betrieb von Flugzeugen aller Art oder irgendwelcher Bestandteile davon verboten“, Tausende von Segelflugzeugen wurden mutwillig zerstört, darunter wertvollste Forschungskonstruktionen, wie die D 30 der Akaflieg Darmstadt, Hunderte wurden von alliierten Soldaten erbeutet und dienten so wenigstens weiterhin dem Segelflug, wenn auch unter fremder Flagge, einige wenige „überwinterten“ unter abenteuerlichsten Umständen, weil ihre Besitzer nicht daran glauben konnten, daß auch der Segelflug für alle Zeit vom Himmel über Deutschland verbannt sein sollte. Die Fliegerschulen in Deutschland wurden zerstört, enteignet oder zweckentfremdet weiterbenützt. Auf der Wasserkuppe, der Geburtsstätte des Segelfluges, zogen die Amerikaner ein. Die große freitragende Segelflugzeughalle war durch Bomben zerstört worden. Auf den Halden der Wasserkuppe lagen vernichtete Segelflugzeuge. Der „Schlafwagen“, das historische Stück aus dem Jahre 1921, soll als Brennholz verfeuert worden sein. Im Ehrenhof der traditionsreichen Segelfliegerstätte war das Glasfenster mit der Symbolik des fliegenden Menschen zerschlagen. Der Adler auf dem Fliegerdenkmal diente als Zielscheibe für Pistolenschützen. In den ersten neuen Jugendzeitschriften wurde über die „blauen Blechle“ der Segelflieger gelästert ...

In der Rhön wird 1950 der Deutsche Aero-Club gegründet

In dieser seelischen Not des Jahres 1945 war die Wasserkuppe, nun eben doch der heilige Berg der Flieger, das Ziel zahlreicher ehemaliger Segelflieger. Jeder von ihnen war erstaunt, daß er im August 1945 zur früheren Wettbewerbszeit, am Wochenende um den Todestag von Otto Lilienthal, doch nicht der einzige Segelflieger auf der Wasserkuppe gewesen ist. Aus dieser ungestillten Sehnsucht, aus diesem ungewollten Treffen vieler Segelflieger aus allen Teilen Deutschlands, wurde der „Ring der weißen Möwen“. Der geistige Vater war Wolf Hirth, der mit Rundbriefen die Getreuen zusammenhielt. Die „Weißen Möwen“ (in Erinnerung an ihr Segelfliegerabzeichen) vereinbarten, sich alljährlich am Wochenende vor dem Todestag von Otto Lilienthal, dem 9. August, auf der Wasserkuppe zu treffen. Diese Wandertreffen der „Weißen Möwen“ führten durch den Einsatz des Bürgermeisters von Gersfeld, Gottfried Franz, für uns alle überraschend am 4. August 1950 in Gersfeld zur Gründung des Deutschen Aero-Clubs. Der Verfasser schrieb damals in der von ihm herausgegebenen „WELTLUFTFAHRT“, der ersten Luftfahrtzeitschrift nach dem Zweiten Weltkrieg, unter dem Titel „Unvergeßliche Rhön 1950 ...“: „Denkwürdige Tage erlebten die Teilnehmer des diesjährigen Wasserkuppentreffens. Ohne jegliche Organisation wurden die Stunden in Gersfeld und an den Hängen der Wasserkuppe eine spontane Demonstration, wie sie eindringlicher und – sagen wir es offen – ergreifender nicht sein konnte. Darüber hinaus gingen die Tage in die Geschichte des motorlosen Fluges ein. Die Rhön war für den Fluggedanken schon immer historischer Boden. 1920 trafen sich Flugbegeisterte aus ganz Deutschland zum ersten

Rhön-Wettbewerb, 1930 wurde an gleicher Stelle die ISTUS, die erste internationale Organisation des motorlosen Fluges, ins Leben gerufen, und 1950 hob eine neue Generation den Deutschen Aero-Club e. V. aus der Taufe.
Niemand konnte die Entwicklung noch Wochen vorher ahnen. Aber nachdem in letzter Zeit unberufene Leute glaubten, die bisher kaum oder noch gar nicht im Segel- und sportlichen Motorflug tätig waren, für sich die nimmermüde Arbeit der Idealisten in den letzten schweren Jahren in letzter Minute auswerten zu können, veranlaßte dies führende Männer wie Wolf Hirth, vorzuschlagen, eine umfassende Dachorganisation für alle Luftsportinteressenten zu schaffen. Diese Erklärung von Wolf Hirth zur Eröffnung der gemeinsamen Verhandlungen am 3. August im Gasthaus „Zur Krone-Post" wurde von allen Anwesenden beifällig aufgenommen.
Anschließend sprach Wolf Hirth vom Stand der Verhandlungen um die Wiederzulassung des Segelfluges mit deutschen Regierungsstellen und den Hohen Kommissaren. Die Besprechung am 20. März mit Bundesverkehrsminister Dr. Seebohm habe erneut erkennen lassen, daß dieses Verbot im Besatzungsstatut verankert ist und daher nur von den Hohen Kommissaren oder von den alliierten Regierungen selbst geändert oder aufgehoben werden kann. Mit Freuden stellte Wolf Hirth fest, daß in Oerebro (Schweden) bei den Weltmeisterschaften keine Stimme mehr gegen die Wiederzulassung des deutschen Segelfluges gehört wurde. Im Gegenteil, man wünscht es und wird es auch im Ausland begünstigen. Selbstverständlich wäre es am schönsten, wenn die gesamte zivile Luftfahrt, wie jedem anderen freien Volke, erlaubt werden würde.
Die Stunden am Donnerstag und Freitag waren angefüllt mit einer umfangreichen Arbeitstagung, die schließlich mit der Annahme der Satzung und der Wahl des geschäftsführenden Präsidiums ihren Abschluß fand. Mit großer Begeisterung wurde inmitten dieser sachlichen Verhandlungen am Freitag der In-

haber des offiziellen Weltrekordes im Dauerflug, der Franzose Guy Marchand, begrüßt.
Mit dem Deutschen Aero-Club war ein Verhandlungspartner für deutsche und alliierte Behörden geschaffen worden.
Kaum war die Nachricht durch den Draht in das Bundesgebiet gemeldet worden, als auch die Ballonsportler aus Düsseldorf, Krefeld, Köln, Wuppertal und Bayern beitraten und ihre Mitarbeit zusagten – eine Mitteilung, die mit Beifall aufgenommen wurde.
Bis zum Gedankenaustausch von Vertretern aus allen Bundesländern war bereits eine Reihe von bekannten früheren Sport- und Segelfliegern erschienen, um nur Wolfgang von Gronau, Wolf Hirth, Fritz Stamer, Heini Dittmar, Seff Kunz, Ernst Jachtmann, Boedecker, Laumann, Karle Baur, Heinz Kensche, Ernst-Günter Haase, Scheidhauer zu nennen, zu denen in den nächsten Tagen noch Hanna Reitsch, Max Beck, Helmuth Knöpfle, Wolfgang Späte, Erich Klöckner, Heinz Peters, Hans Jacobs, Hütter und viele andere mehr kamen. Am Sonnabend traf dann weiterhin der amerikanische Professor Dr. Wolfgang Klemperer, von der Weltmeisterschaft kommend, aus Schweden ein.
Am Sonnabendnachmittag rief Rhönvater Oskar Ursinus die Flugbegeisterten zum Fliegerdenkmal auf die Wasserkuppe und gemahnte sie, einig zu bleiben und mitzuhelfen an der gemeinsamen Arbeit.
Anschließend dankte Guy Marchand in deutscher Sprache und versprach alles zu tun, den Kameraden zu helfen. Er habe nun selbst den schönen Geist gesehen, von dem er überall gehört habe. Als er in Schweden die Gelegenheit benützte, Unterschriften für einen Antrag zur Wiederzulassung des Segelfluges in Deutschland zu sammeln, habe er niemand gefunden, der sich geweigert habe. Er hoffe nur, übers Jahr mit seinen deutschen Kameraden an den Hängen der Wasserkuppe fliegen zu können.

Professor Klemperer meinte in gedämpfter Sprache: „Meine Gefühle lassen sich schwer in Worte kleiden, die mich bewegen, nach 30 Jahren wieder an die Stätte meiner ersten Flüge zurückzukehren." Dr. Klemperer war tief beeindruckt von dem Geist, der die deutsche Jugend beseelt. Schon einmal habe ein Gedanke von der Wasserkuppe aus die Welt erobert. Wenn dieser Geist so bleibe, so könne er für die Welt noch einmal etwas bedeuten. Er beweise nur aufs Neue seine Meinung: Wenn Flieger mehr zu sagen hätten, herrschte größere Verständigung unter den Völkern.
Präsident Wolf Hirth bekannte abschließend, daß er einer der wenigen sei, die von Anfang an zur Wasserkuppe kamen, aber solche Tage wie diesmal habe er noch nie erlebt. Er dankte der Gemeinde Gersfeld und Bürgermeister Franz für ihre Aktivität.
Inzwischen war die Zahl der alten und jungen Flugbegeisterten aus ganz Deutschland in die Tausende gewachsen, und die große Turnhalle von Gersfeld bot nicht Platz, sie alle aufzunehmen, als am Samstagabend Wolf Hirth die Gründung des Deutschen Aero-Clubs unter nicht endenwollendem Beifall bekanntgab.
Fritz Stamer erinnerte an die Anfangsjahre, in denen es der Rhöngeist war, der dies alles lebendig hielt. Wenn bis heute die Jugend davon beseelt sei, dann könnten wir vielleicht der Welt noch einmal etwas geben. Rhöngeist sei Flugsehnsucht, wie sie der Fliegerdichter Peter Supf sieht: „Flugsehnsucht ist die tiefste Form menschlichen Heimwehs, ihre stärkste Wurzel ist der Wunsch nach Freiheit."
Unaufhörlich war nach diesen Tagen der Deutsche Aero-Club bemüht, die Freiheit des motorlosen Fluges wieder zu erreichen. Viele Einzelpersönlichkeiten setzten sich bei deutschen und alliierten Behörden ein, viele Freunde aus dem Ausland halfen den deutschen Segelfliegern. Wer mit dem letzten Löffel Wasser den Eimer zum Überlaufen brachte, wer den letzten

Meisterpiloten bei den Deutschen Meisterschaften in Oerlinghausen, v. l.: Ernst-Günter Haase (mehrfacher Deutscher Meister, Weltmeister 1958 in Leszno), Seff Kunz, Bozidar Komac (mehrfacher Meister von Jugoslawien, Weltmeister 1954 in der Doppelsitzerklasse), Hanna Reitsch, Jakob Laur, (Teilnehmer an mehreren Deutschen Meisterschaften und Weltmeisterschaften), Gustl Wiethücher (Teilnehmer an mehreren Deutschen Meisterschaften und Weltmeisterschaften, 1954 Dritter der Weltmeisterschaft), Gérard Pierre, Frankreich (mehrfacher Meister von Frankreich, Sieger in Oerlinghausen, Vizeweltmeister 1952, Weltmeister 1954).

Rückkehr der deutschen Mannschaft von den Segelflug-Weltmeisterschaften 1970, v. l.: Gerhard Waibel, Deutscher Meister 1964, Hans-Werner Grosse (Teilnehmer an mehreren Deutschen Meisterschaften – der erste Segelflieger, der in Europa über 1000 km flog, Vizeweltmeister 1970 in der Offenen Klasse), Helmut Reichmann (Sieger im Junioren-Wettbewerb 1965, Deutscher Meister 1968 und 1971, Weltmeister 1970 in der Standardklasse), Walter Neubert, Deutscher Meister 1969.

Berühmte Segelflieger aus aller Welt
(jeweils von links nach rechts)
Rudolph Oeltzschner, Rhönsieger 1935
Kurt Schmidt, Rhönsieger 1936
Ludwig Karch, Rhönsieger 1937
Wolfgang Späte, Rhönsieger 1938
Werner Blech, 1938 Gewinner des Prinz-Heinrich-Rhön-Wanderpreises der Lüfte
Erwin Ziller, mehrfacher Höhenrekordhalter
Otto Braeutigam, mehrfacher Rekordhalter
Bernhard Flinsch, Studentenweltmeister 1939
Erich Vergens, mehrfacher Rekordflieger
Erich Klöckner, der erste Segelflieger in der Stratosphäre
Ernst Jachtmann, deutscher Dauerrekordinhaber seit 1943 mit 55,51 Stunden
Dr. Ernst Frowein, mehrfacher Wettbewerbssieger
Billy Nilsson, Schweden, Weltmeister 1950
Per-Axel Persson, Schweden, Weltmeister 1948
John Robinson, USA, mehrfacher amerikanischer Meister
Luis Vicente Juez, Spanien, Weltmeister 1952

entscheidenden Anstoß gab, wird ungeklärt bleiben: Am Abend des 19. Juni 1951 gaben die Rundfunksender Deutschlands bekannt, daß die Alliierte Hohe Kommission das noch immer bestehende Verbot, Segelflugzeuge herzustellen, ein- oder auszuführen, zu befördern und zu besitzen, aufgehoben habe. Damit wurde die Wiederzulassung, die am 28. April in einem Schreiben an den Bundeskanzler Dr. Adenauer mitgeteilt worden war, endgültig wirksam.
Und schon wenige Wochen später rief der Deutsche Aero-Club zu einem großen Fest der Freude auf den Berg der Flieger.

Fest der Freude auf der Wasserkuppe

Dieses „Fest der Freude" war eine Demonstration der deutschen Flugbegeisterung! Selten hat die Wasserkuppe in ihrer nun 60jährigen Bedeutung für die deutsche Fluggeschichte einen solchen Tag erlebt wie diesen Sonntag, den 26. August 1951. Fünfzigtausend mögen es wohl gewesen sein, die aus dem gesamten Bundesgebiet nach den wenigen Verlautbarungen in der deutschen Presse zur Rhön gekommen sind, um Zeuge der Wiedersehensfreude der deutschen Flieger zu sein. Allein 16 000 Fahrzeuge wurden an den Hängen der Wasserkuppe gezählt, die, wie die Straßen und Plätze des Städtchens Gersfeld, einem einzigen Automeer glichen.
Nachdem in einjähriger Aufbauarbeit die Organisation des Deutschen Aero-Clubs vollendet werden konnte, nachdem in ihm alle früheren Flieger und die flugbegeisterte Jugend zusammenkamen, galt es in diesem Rhöntreffen, das Fest des großen Wiedersehens zu feiern. Waren es in den letzten Jahren einige Unentwegte, die trotz des Verbotes als Rhönwanderer zu ihrer geliebten Wasserkuppe pilgerten, so trafen sich diesmal tatsächlich alle deutschen Flieger: Vom „Alten Adler" der Vorkriegszeit bis zum jüngsten Modellbauer, Flieger, die sich im

Frieden und Kriege bewährten, Sportflieger, Segelflieger und Ballonfahrer. Der Weltflieger Wolfgang von Gronau, der Deutschlandflug-Sieger und Weltrekord-Segelflieger Oskar Dinort, der Sportflieger und Konstrukteur Fritz Siebel, die deutschen Kunstflugmeister Achgelis und Falderbaum, aus der Pionierzeit des Segelfluges „Rhöngeist" Ursinus, „Hängegleiter" Pelzner und „Gewittermaxe" Kegel, unzählige Inhaber des internationalen Leistungsabzeichens im Segelflug, fast alle noch lebenden Träger der Gold-C, aus den Reihen unserer bekanntesten Segelflieger die Rhönsieger Max Beck, Wolfgang Späte und Heini Dittmar, die Rekordflieger Jachtmann, Boedecker, Klöckner, Vergens und Hanna Reitsch. Auch „Tante Lotte", die Inhaberin des Leistungsabzeichens Nr. 100, war nach langen Jahren wieder zur Rhön gekommen.

Die Freude der deutschen Flieger über die wiedergewonnene Freiheit teilten in diesem großen Treffen viele Kameraden aus dem Ausland. So trafen wir Flieger aus Österreich, der Schweiz, aus Frankreich, Finnland, England und Amerika. Lebhaft begrüßt wurde wie immer der französische Dauerweltrekordler Guy Marchand, der als Freund des deutschen Segelfluges schon zu den ständigen Gästen deutscher Flieger-Tagungen zählte. Geschmückt mit dem Gold-C kam auch „Pirat" Gehriger, der Zentralsekretär des Aero-Clubs der Schweiz, der bereits Fühlung aufnahm für die Segelflug-Weltmeisterschaft im nächsten Jahr.

Den Höhepunkt bildete der Sonntag, an dem die Wasserkuppe und die Stadt Gersfeld einem einzigen Volksfest glichen.

Am 19. Juni war von den Alliierten mit der Freigabe des Segelflugzeugbaues endgültig die Möglichkeit des Segelfluges in Deutschland gegeben. Acht Wochen nach der Wiederzulassung standen auf der Wasserkuppe zwölf fertige Segelflugzeuge, meist Leistungssegler, meist Neukonstruktionen – wohl der klare Beweis für den Idealismus und Opfersinn der deutschen Segelflieger.

Nach sechsjähriger Pause führte bereits am Donnerstag unter dem Jubel seiner Kameraden Heinz Peters, lange Jahre Fluglehrer auf der Wasserkuppe und Inhaber der Gold-C, den ersten Start eines Segelflugzeuges auf dem Traditionsgelände der Wasserkuppe durch. Nicht geringer war der Beifall am Freitag, als Fritz Stamer gerne die Bitte der Gersfelder Gruppe erfüllte und als „Vater des Zöglings" den von wenigen Gersfeldern erbauten „Zögling" am Hange der Wasserkuppe einflog.

Ein Jahr später starteten deutsche Segelflieger erstmals wieder in einem Wettbewerb, Hanna Reitsch, Ernst-Günter Haase, Dr. Ernst Frowein, Heinz Kensche und „Gretchen" Ziegler gehörten zu den 59 Leistungsfliegern aus 19 Nationen, die in dem bis dort größten Fliegerfest der Welt vom 30. Juni bis 13. Juli in Cuatro Vientos bei Madrid um die Segelflug-Weltmeisterschaft kämpften. Ernst-Günter Haase belegte in der Klasse der Einsitzer den 12. Platz unter 39 Teilnehmern, Ernst Frowein kehrte als Vizeweltmeister in der Klasse der Doppelsitzer zurück. Hanna Reitsch belegte den 3. Platz. Mit ihnen kamen eine Reihe ausländischer Fliegerfreunde nach Deutschland und trug vom 13. bis 17. August 1952 auf dem Klippeneck in Württemberg in einem internationalen Freundschaftsfliegen den ersten Wettbewerb auf deutschem Boden nach dem Zweiten Weltkrieg aus. Höhepunkt war der erste Weltrekord Deutschlands nach der Wiederzulassung, den Ernst-Günter Haase mit dem Argentinier Lombroni als Begleiter auf dem Doppelsitzer Condor IV im 100-km-Dreiecksflug mit 80,90 km/h aufstellte.

Von diesem Wettbewerb an nahm der deutsche Segelflug wieder einen raschen Aufstieg. Die traditionsreichen deutschen Segelflugwettbewerbe wurden als Deutsche Meisterschaften ausgeschrieben. Sie wurden nicht mehr auf der Wasserkuppe ausgetragen, und zwar nicht nur aus der Tatsache, daß die unselige Grenze mitten durch Deutschland auch knapp an der Wasserkuppe vorbeiführt, sondern auch aus der Entwicklung des Segelfluges heraus. Die Wasserkuppe war das Mekka der

Segelflieger in aller Welt in der Zeit des Gummiseilstartes am Hang. Nun aber galt es, die Teilnehmer einer Meisterschaft im Flugzeugschlepp in möglichst kurzer Zeit auf eine bestimmte Ausgangshöhe zu bringen, um allen in etwa die gleiche Chance zu geben. Dazu brauchte man weitangelegte Motorfluggelände. Und so wählten die deutschen Segelflieger für ihre Wettbewerbe von 1953 bis heute die Senne am Fuße des Teutoburger Waldes bei Oerlinghausen, den großen Flugplatz Forchheim bei Karlsruhe, das weite Gelände Braunschweig-Waggum, Freiburg i. Brsg., vor allem aber den Flugplatz Roth bei Nürnberg und schließlich Bückeburg-Weinberg. Die Deutschen Meisterschaften wurden alle zwei Jahre ausgetragen, zuerst für Einsitzer und Doppelsitzer und seit 1957 für Einsitzer in der Offenen und Standardklasse. Neben den bereits aus der Vorkriegszeit bekannten Flugzeugführern wie Hanna Reitsch, Ernst-Günter Haase, Hans-Werner Grosse und Heinz Huth erwuchsen dem deutschen Segelflug aus der jungen Generation Könner, die in wenigen Jahren zur internationalen Spitzenklasse aufrückten: Jakob Laur aus Laichingen, Rolf Kuntz aus Braunschweig, Rolf Spänig aus Limburgerhof, Dr. Wolfgang Groß – Köln, Rudolf Lindner – Landshut, später Kirchheim-Teck, Helmut Reichmann – Saarbrücken, Gerhard Waibel – Darmstadt, Klaus Holighaus – Kirchheim, Walter Neubert – Bissingen und viele, viele andere.

Neue Wege im Flugzeugbau

Nicht anders war es auf dem Gebiet der Konstruktion. Die ersten Erfolge nach der Wiederzulassung wurden noch auf dem Vorkriegsentwurf „Weihe" von Hans Jacobs erzielt. Dann kam Egon Scheibe – München mit seiner Mü-Linie, der Spatzen-Familie und der Bergfalken-Reihe. Und schließlich der junge self-made-man Rudolf Kaiser aus Coburg mit der Ka 6, die

Höhepunkt und Abschluß der Epoche in der Sperrholzbauweise darstellte. Im Ausland hatte man viel gelernt. Die Flugzeuge standen den deutschen Konstruktionen nicht mehr nach, ja übertrafen sie. Erinnert sei nur an die Bréguet 901 aus Frankreich und an die Sky aus England. Neue Wege ging man in Amerika mit dem Forscherteam um Professor Dr. Raspet und Dick Johnson. Als es den Württemberger Modell- und Segelfliegern, dem späteren Professor Dr. Eppler und Dipl.-Ing. Nägele, aus ihrer Erfahrung im Modellbau nach vielen Untersuchungen und Versuchen gelang, die GFK-Bauweise mit glasfaserverstärktem Kunststoff, kurz die Kunststoffbauweise, im Segelflug zu erproben und einzuführen, begann im Segelflug eine neue Epoche, die deutsche Flugzeugkonstruktionen bald wieder an der Spitze der Welt sah – mit einem solchen Erfolg, daß die Nationen der Segelflugweltmeisterschaften 1970 in Texas fast alle deutsche Segelflugzeuge vorzogen und zur Meisterschaft flogen. Begonnen hat diese Entwicklungsrichtung in Deutschland mit der Arbeitsgemeinschaft Haase-Kensche-Schmetz in der HKS. Es kam der Phönix und Phoebus, die Serie von der Standard-Austria bis zur SHK 1967, die BS 1 des leider viel zu früh verstorbenen Björn Stender und die Flugzeuge der Firma Hänle – Glasflügel. Von entscheidender Bedeutung für die Weiterentwicklung waren auch die Forschungsarbeiten der Akademischen Fliegergruppen an deutschen Hochschulen. Dazu kam, daß die Konstrukteure der jungen Generation zugleich hervorragende Flieger waren, ihre eigenen Testpiloten, die ihre Konstruktionen bis zu Meisterschaften flogen. Das begann mit dem stillen Rudolf Kaiser, der die Gold-C mit drei Brillanten, das höchste Leistungsabzeichen des internationalen Segelfluges, trägt. Ein Musterbeispiel war die Arbeitsgemeinschaft an der D 36 in der Akaflieg Darmstadt. Wolf Lemke übernahm den Rumpf, Gerhard Waibel die Fläche und Klaus Holighaus Berechnung und Konstruktion der Leitwerke als Diplomarbeit. Nach Abschluß ihres Studiums gingen alle drei ihre eigenen Wege und schufen aus der Erfahrung mit der D 36 neue Flugzeuge: Gerhard Waibel führte als Technischer Leiter beim Segelflugzeugbau Schleicher in Poppenhausen/Rhön die Kunststoffbauweise ein und schuf die Leistungsflugzeuge ASW 12 und ASW 15, Klaus Holighaus entwickelte bei Schempp-Hirth in Kirchheim/Teck die SHK weiter und erarbeitete Cirrus und Nimbus. Beide wurden mit ihren Konstruktionen Deutsche Meister. Und Wolf Lemke tat sich mit seinem Freund Walter Schneider in Egelsbach/Hessen zusammen, konstruierte die LS 1, die von Walter Schneider gebaut wurde und eines der beliebtesten Flugzeuge in der neuen Entwicklungsrichtung wurde.

Neben der grundsätzlichen Wandlung im Flugzeugbau erlebte der Segelflug in den Jahren nach dem Zweiten Weltkrieg auch entscheidend neue Impulse in den segelfliegerischen Leistungen selbst. Begann die Geschichte des Segelfluges mit bewundernswerten Leistungen im Dauerflug, von denen die Krönung mit einem weltweiten Echo der erste Stundenflug von Martens 1922 über der Wasserkuppe war, so verlor der Dauerflug nach dreißigjähriger Geschichte fast ganz seine Bedeutung. Nicht anders erging es dem freien Streckenflug, der nach dem Dauerflug die Sensation der Rhönjahre war und der nunmehr in Wettbewerben überhaupt keine Disziplin mehr darstellt. Auch der Höhenflug überschritt in den Spitzenleistungen durch die Waveworker in Amerika die Grenze menschlicher Leistungsfähigkeit, und die letzte Attraktion war der „Club der 1000-km-Flieger".

Bis an die Grenze menschlicher Leistungsfähigkeit

Glaubte man, mit dem 36-Stundenflug von Kurt Schmidt in den ersten Augusttagen 1933 die menschliche Leistungsgrenze bereits erreicht zu haben, so erlebte zur allgemeinen Überraschung der Dauerflug in Ein- und Doppelsitzern in der Notzeit der Jahre des Zweiten Weltkrieges erneut eine unfaßbare Steigerung, deren Höhepunkt der Flug von Ernst Jachtmann an den Dünen der Ostsee bei Brüsterort vom 22. bis 24. September 1943 mit 55 Stunden und 51 Minuten war. Mit der weiteren Steigerung der internationalen Bedeutung des Segelfluges im Weltmeisterschaftsjahr 1952 wurden auch diese Leistungen überboten. Im Einsitzer erreichte der Franzose Charles Atger vom 2. bis 4. April 1952 über St. Remy-de-Provence 56 Stunden und 16 Minuten, blieb also Tag und Nacht und wieder Tag und Nacht und noch einmal acht Stunden ununterbrochen in der Luft. Man muß sich diese Leistung hinter dem Steuerknüppel nur vorstellen! Und darüber hinaus die ans Unglaubliche grenzende physische Leistung! Fast gleichzeitig holten sich die Franzosen auch den Rekord im Doppelsitzer mit 53 Stunden und 4 Minuten, und vom 8. bis 10. April segelten Dauvin und Couston über dem bekannten französischen Segelfluggelände Romanin-les-Alpilles 57 Stunden und 10 Minuten. Als dann der sympathische Bertrand Dauvin in der Nacht vom 25. zum 26. Dezember 1954 während eines Angriffes auf den von Charles Atger gehaltenen Einsitzer-Dauerrekord tödlich abstürzte, war sich der internationale Segelflug einig, daß diese Rekordjägerei in dem in seinen Prinzipien längst erschlossenen Dauerflug keinen Sinn mehr habe. Die FAI setzte daher 1955 den Dauerflug von ihrer Rekordliste ab. So werden die beiden französischen Flugleistungen als ewige Rekorde bestehen bleiben.

Neue Flugdisziplinen

Die Rekordliste der FAI erlebte dagegen weitere wertvolle Bereicherungen. Der Zielflug wurde immer beliebter, noch schwieriger der Zielflug mit Rückkehr zum Startplatz und als Höhepunkt aller Leistungen der Dreiecksgeschwindigkeitsflug. 1948 gelang dieser dem Schweizer Segelflieger Siegbert Maurer während des Wettbewerbes von Samedan zur Überraschung seiner Freunde erstmals über 100 km. Aber auch diese Leistungen wurden laufend verbessert, so daß sich die FAI entschließen mußte, Rekordwertungen von 200, 300, ja 500 km Dreieck einzuführen. Das größte Dreieck, das bisher geflogen worden ist, erreichte Hans-Werner Grosse in der Vorbereitung zur Weltmeisterschaft 1970 über 711 km!

Vorstoß in die Stratosphäre

Die Erkennung der meteorologischen Möglichkeiten in der Troposphäre ist eines der größten Verdienste der Segelflugforschung. Der Wolkensegelflug in all seinen Variationen führte bis an die Grenze der Stratosphäre und erschloß der gesamten Luftfahrt und der Wissenschaft viele neue Erkenntnisse. Die in den letzten Jahren vor dem Zweiten Weltkrieg in der Troposphäre entdeckten stationären Wellen brachten neue Probleme und lockten die Kühnsten zu neuen Forschungsflügen. Professor Georgii schreibt in seinen Erinnerungen, daß Erich Klöckner mit seinem Flug vom 11. Oktober 1940, bei dem er zum ersten Male im Wellensegelflug auf 11 400 m emporgestiegen war, dem Segelflug den Weg in die Stratosphäre weisen konnte. Das gleiche Problem lockte um 1950 amerikanische Segelflieger unter Führung des deutschen Leistungsfliegers, Meteorologen und Wissenschaftlers Dr. Joachim Küttner, in dem „Sierra-Wave-Project“, zu den Bergen der Sierra Nevada. Dieses Forschungsteam nannte sich in seiner jahrelangen Arbeit selbst die „Wave-workers“. Die Forschungen von Dr. Joachim Küttner brachten neue Erkenntnisse in den Luftströmungen jenseits der Troposphäre. Dr. Küttner wurde hierfür 1956 mit der Lilienthal-Medaille der FAI und 1958 mit der Plakette der OSTIV ausgezeichnet. Sein fliegerischer Höhepunkt in diesem großangelegten Forschungsprogramm war am

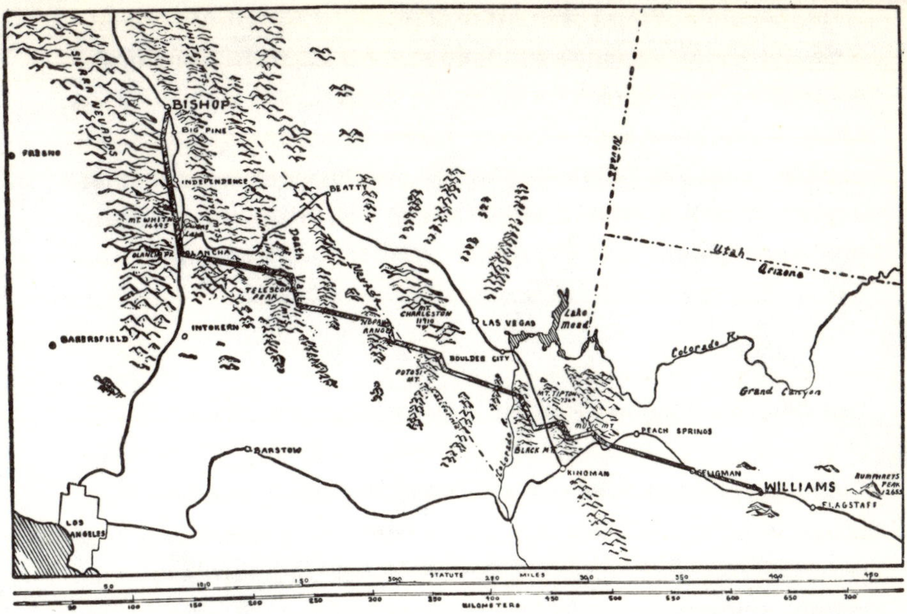

Der 597-km-Flug von Dr. Joachim Küttner am 19. März 1952 von Bishop, Calif., nach Williams, Arizona, war „einer der Meilensteine in der Entwicklung des motorlosen Menschenfluges".

Abend des 19. März 1952 ein Flug über 600 km in vier Stunden in Höhen zwischen 6000 und 11 000 m, der nur wegen Einbruch der Dunkelheit abgebrochen werden mußte. Die Wissenschaft erklärt heute diesen Flug als einen der Meilensteine in der Entwicklung des motorlosen Menschenfluges. Küttner stieg im Verlauf des Sierra-Wave-Projects mehrfach auf über 12 000 m und hält heute den Deutschen Höhenrekord seit dem 14. April 1955 mit 13 015 m über Bishop in Kalifornien. Auch alle Weltrekorde wurden im Verlauf dieses Forschungsprogramms aufgestellt. Paul Bickle, Jahre auch Präsident der Soaring Society of America, besitzt seit dem 25. Februar 1961 den absoluten Höhenweltrekord mit 14 102 m, wobei er – ebenfalls Weltrekord – einen Höhengewinn von 12 894 m erzielte. Im Doppelsitzer stieg Larry Edgar mit H. E. Klierforth am 19. März 1952 auf 13 489 m und Betsy Woodward, die einzige Frau dieses Forschungsteams, erflog den Weltrekord für Frauen am 14. April 1955 mit 12 190 m. Nach zehnjähriger Arbeit wurde dieser Forschungsauftrag abgeschlossen. In dieser Zeit war auch der sogenannte jet-stream und die Höhenturbulenz in der Stratosphäre erkundet. Vom sportlichen Standpunkt werden diese fliegerisch und wissenschaftlich gleich hervorragenden Leistungen wohl kaum mehr überboten werden. Und so dürfte auch der Wettkampf um den Höhenrekord beendet sein.

Der Club der 1000-km-Piloten

Ein neuer Rekord aber reizte die besten Segelflieger der Welt. Eine Leistung, die noch vor 20 Jahren der wissenschaftliche Wunschtraum war, ein Flug, den viele sich in ihren Gedanken konstruierten und Möglichkeiten seiner Verwirklichung suchten: der motorlose Flug über die Traumgrenze von 1000 km. Nach gründlicher und langanhaltender Vorbereitung, unterstützt von Meteorologen und Wissenschaftlern, gelang dieser Flug erstmals dem Amerikaner Alvin H. Parker am 31. Juli 1964, als er auf seiner Eigen- und Neukonstruktion Sisu von Odessa in Texas bis nach Kimball in Nebraska 1036 km flog. Der Flug und sein Barogramm wurden von den besten Fliegern der Welt studiert und analysiert. Der zweite Segelflieger, der die 1000-km-Grenze überflog, wurde Hans-Werner Grosse aus Lübeck, als er am 4. Juni 1970 1032 km zurücklegte. Seiner Leistung auf ASW 12 kommt erhöhte Bedeutung zu, da niemand bei den meteorologischen Bedingungen über Europa an einen 1000-km Flug glaubte. Darüber hinaus war sein Flug ein Zielflug, meldete er doch auf seinem Heimatflughafen Lübeck den Flugplatz Angers in Frankreich als Ziel an, und so hält er mit diesem Flug den Weltrekord im Zielflug, den deutschen Rekord im Streckenflug – eine Leistung, die von der FAI mit der Verleihung der Lilienthal-Plakette gewürdigt wurde. Am 26. Juli 1970 starteten die Amerikaner Benjamin Greene und Wallace Scott gemeinsam mit zwei Schleicher ASW 12 von Odessa in Texas aus zu einem Flug, der nach 1160 km in Columbus im Staate Nebraska endete, wo beide gemeinsam nebeneinander aufsetzten. Bei dem neun Stunden dauernden Flug waren sie die meiste Zeit getrennt gewesen, die letzten 160 km flogen sie jedoch gemeinsam. Der Holzhändler Benjamin Greene und der Kinobesitzer Wallace Scott, beide 46 Jahre alt, sind damit nach Alvin Parker und Hans-Werner Grosse Segelflieger Nr. 3 und 4, die erfolgreich die Traumgrenze 1000 km durchbrachen. Dies- und jenseits des Ozeans werden weitere Flieger bestrebt sein, bald zum Club der 1000-km-Piloten zu gehören.

Wasserkuppe bleibt der Berg der Flieger

Die Segelflieger Deutschlands und der Welt aber haben über Weltmeisterschaften und Weltrekorde hinaus ihre Wasserkuppe, die Geburtsstätte des Segelfluges, nicht vergessen. Sie war geistiger Mittelpunkt in den ersten schweren Jahren nach dem Zweiten Weltkrieg, zu ihren Füßen wurde 1950 der Deutsche Aero-Club als Sammelbecken aller deutschen Sportflieger gegründet, zehn Jahre später feierte der Aero-Club am Fliegerdenkmal und erstmals wieder am Ehrenmal im Fliegerlager sein erstes Jubiläum.
Besonders aber setzte sich die 1952 gegründete „Gesellschaft zur Förderung des Segelfluges auf der Wasserkuppe e. V.“, wie schon der Name sagt, für den Segelflug auf der Wasserkuppe ein. Dr. Eduard Stieler, ihr Präsident, war mit unerhörter Tatkraft und restlosem Einsatz seiner ganzen Person für die Wiederauferstehung des „Heiligen Berges der Segelflieger“ tätig. Unter seiner Führung schuf die Gesellschaft mit Unterstützung des Landkreises Fulda und des Landes Hessen eine neue Schule auf dem Heiligen Berg der Flieger. Der Wieder-

aufbau begann 1954. Neue Hallen und neue Verwaltungsgebäude entstanden. Geblieben aber sind die alten Ideale, die jeder Flieger unter dem Begriff „Rhöngeist“ kennt. 1956 rief die Gesellschaft zum ersten Wettbewerb der Nachkriegszeit zur Wasserkuppe. Dieser 21. Rhön-Segelflugwettbewerb über den Halden der Wasserkuppe zeigte, welch starke Kraft die Tradition im Leben einer Idee darstellt. Tag für Tag kamen Tausende von Menschen zur Wasserkuppe. Sieger dieses Segelflugwettbewerbes wurde in Klasse 1 Günther Heinzel aus Meschede, in der Klasse 2 Otto Hansen aus Hanau. Die Preise der 21. Rhön übergab Frau Groenhoff, die Mutter des unvergeßlichen Idols des deutschen Segelfluges Günther Groenhoff.

Der Deutsche Junioren-Wettbewerb

Dann kam auch der Deutsche Aero-Club wieder zur Wasserkuppe und führte in Verbindung mit der „Gesellschaft zur Förderung des Segelfluges auf der Wasserkuppe“ in der Zeit vom 6. bis 20. Juli 1963 den 1. Junioren-Segelflugwettbewerb durch. Für diesen Wettbewerb, der alle zwei Jahre im Wechsel mit der Deutschen Segelflugmeisterschaft stattfindet, wurde die Wasserkuppe als Austragungsort gewählt, da gerade sie für die Segelfliegerjugend hohe traditionelle Werte verkörpert, die an die junge Generation weitergegeben werden sollen. Die Teilnehmer durften zum Zeitpunkt des Wettbewerbes das 25. Lebensjahr noch nicht vollendet haben. Da die drei ersten Sieger an der nächsten Deutschen Segelflugmeisterschaft teilnehmen, ist der Junioren-Wettbewerb ein echter Leistungsmaßstab. Sieger wurde Karl-Michael Heim aus Wildberg vor dem Berliner Gerhard Hefer und Peter Bianchi aus Mühlacker. Zwei Jahre später waren die ausgeschriebenen 25 Teilnehmerplätze schon lange vor Meldeschluß vergeben. Sieger wurde Helmut Reichmann aus Saarbrücken vor Bernd Knudsen – Lübeck und

Klaus-Peter Helmetag aus Werdohl. 1967 wurde Karl-Michael Heim zum zweiten Male Sieger des Junioren-Wettbewerbes vor Adolf Schlierf – Greding und Hansjörg Streifeneder aus Dachau. 1970 siegte im 4. Deutschen Junioren-Wettbewerb Walter Sinn – Öhringen vor Walter Eisele – Neckartal, der bereits mit 15 Jahren eine Cirrus der Offenen Klasse flog und auf der Wasserkuppe jüngster Teilnehmer war. Dritter wurde Reiner Schneider aus Saarbrücken. Die Sieger des Junioren-Wettbewerbes stießen sehr bald in die Spitzengruppe der deutschen Segelflieger vor. Musterbeispiel hierfür ist der Student und spätere Studienrat Helmut Reichmann, Jahrgang 1942, Sieger im Junioren-Wettbewerb 1965, Deutscher Meister 1968, Weltmeister 1970.

50 Jahre Segelflug auf der Wasserkuppe

Zum Todestag Otto Lilienthals im Jahre 1970 wurde die Wasserkuppe wieder einmal Ziel und Sammelpunkt der Segelflieger aus aller Welt. Dieser großartige weltweite Flugsport beging an den Halden der Wasserkuppe sein 50jähriges Jubiläum. Höhepunkt war die Teilnahme von Neil Armstrong, dem ersten Menschen, der den Mond betreten hatte. Selbst begeisterter Segelflieger, wollte er an dieser historischen Stätte dabei sein, um den 50. Geburtstag des Segelfluges mitzufeiern. Sichtlich ergriffen stellte er sich in die Reihe der noch lebenden Teilnehmer des 1. Rhön-Segelflugwettbewerbes und dankte ihnen für ihre Pionierleistungen. Vor aller Welt wurde wieder bekundet, daß der Segelflug auf der Wasserkuppe die Entwicklung des Leistungssegelflugzeuges systematisch gefördert hat und so die großen Erfolge des Segelflugsportes überhaupt erst ermöglichte, daß die Wasserkuppe die Organisation der Segelflugschulung schuf und damit Generation um Generation zum motorlosen Flug führte, daß durch die Erfolge auf der Wasserkuppe der Segelflug sich in den Dienst der meteorologischen und flugtechnischen Erforschung stellte, daß darüber hinaus aber die Segelflugbewegung eine menschliche Aufgabe von überragender Bedeutung für unsere Zeit löste. Von den ersten Wettbewerben der Rhön an begeisterte diese Sportart die Nationen der Welt. Der Segelflug schlug Brücken von Volk zu Volk, die auch durch den Zweiten Weltkrieg nicht zerschlagen werden konnten. Von den Hängen der Rhön aus eroberte sich der Segelflug die Welt. Er ist ein Volkssport in allen Erdteilen geworden. Der deutsche Segelflug gab sich zu seinem Jubiläum das schönste Geschenk selbst: Von der Segelflugweltmeisterschaft in Amerika kehrten Helmut Reichmann als Weltmeister der Standardklasse und Hans-Werner Grosse als Vizeweltmeister der Offenen Klasse zurück. Walter Neubert und Gerhard Waibel lagen mit den 6. Plätzen in der Spitzengruppe der Welt. 80 Prozent aller Teilnehmer dieser 12. Weltmeisterschaft flogen deutsche Konstruktionen. Über die Spitzenleistungen hinaus schenkte der Segelflug Hunderttausenden von Menschen in aller Welt das herrliche Gefühl, losgelöst zu sein von der Erde, und die unvergleichliche Freude, die Schönheit der Welt aus der Luft zu erleben.

Die Deutschen Segelflugwettbewerbe nach 1945

1. Wettbewerb vom 26. Juli bis 9. August 1953 in Oerlinghausen

Klasse I (Offene Klasse)	
1. Gérard Pierre – Frankreich auf Air 102	4680 Punkte
2. Ernst-Günter Haase – Herzogenrath auf HKS 1	4572 Punkte
3. Bozidar Komac – Jugoslawien auf Kosava	3960 Punkte
4. Hanna Reitsch – Wetzlar auf Kranich III	3560 Punkte
Klasse II (Teilnehmer, die bislang noch keinen Wettbewerb bestritten hatten):	
1. August Wiethüchter – Kirchheim auf Weihe	4227 Punkte
2. Hujer/Wittstock – Celle auf Condor IV	1428 Punkte
3. Lang/Kühl – Berlin auf Mü 13 E	858 Punkte
Klasse III (Nachwuchsflieger unter 30 Jahren):	
1. Jakob Laur – Laichingen auf Mü 13 E	1963 Punkte
2. Lemke/Hohmann – Aachen auf Mü 13 E	923 Punket
3. Uli von Scheidt – Köln auf Condor IV	901 Punkte

2. Wettbewerb vom 31. Juli bis 14. August 1955 in Oerlinghausen

Einsitzerklasse:	
1. Hanna Reitsch – Mülheim auf Zugvogel	2635 Punkte
2. Gérard Pierre – Frankreich auf Bréguet 901	2436 Punkte
3. Jakob Laur – Laichingen auf Weihe	2261 Punkte
4. August Wiethüchter – Kirchheim auf HKS 1	2235 Punkte
5. Irve Silesmo – Schweden auf Weihe	2181 Punkte
6. Ernst-Günter Haase – Herzogenrath auf HKS 3	1907 Punkte
Doppelsitzer-Klasse:	
1. Heinz Huth – Hamburg auf Kranich III	2594 Punkte
2. Horst Remm – Berlin auf Kranich III	2316 Punkte
3. Hahn – Hannover auf Kranich III	2280 Punkte

3. Wettbewerb vom 21. Juli bis 2. August 1957 in Oerlinghausen

Offene Klasse:	
1. Jakob Laur – Laichingen auf Zugvogel	3177 Punkte
2. Ernst-Günter Haase – Herzogenrath auf HKS 3	2996 Punkte
3. Hanna Reitsch – Frankfurt auf Zugvogel	2412 Punkte
4. Rolf Kuntz – Braunschweig auf HKS 1	2204 Punkte
Standardklasse:	
1. Heinz Huth – Hamburg auf Ka 6	2231 Punkte
2. Hans Böttcher – Hannover auf Ka 6	1606 Punkte
3. Dr. Bulang – Dortmund auf Ka 6	1590 Punkte
Nachwuchsklasse:	
1. Ulrich Plarre – Bielefeld auf Weihe	1992 Punkte
2. v. Zahn – Köln auf Ka 6	1056 Punkte
3. Rolf Spänig – Ludwigshafen auf Mü 13 E	977 Punkte

4. Wettbewerb vom 24. Juni bis 5. Juli 1959 in Karlsruhe-Forchheim

Offene Klasse:	
1. Ernst-Günter Haase – Herzogenrath auf HKS 3	3579 Punkte
2. W. Kunz – München auf Mü 22	3180 Punkte

3. Rolf Spänig – Ludwigshafen auf Zugvogel	3141 Punkte
4. Rolf Kuntz – Braunschweig auf HKS 1	2525 Punkte

Standard-Klasse:

1. Heinz Huth – Hamburg auf Ka 6	4056 Punkte
2. Hans Böttcher – Hanover auf Ka 6	3850 Punkte
3. Ulrich Plarre – Bielefeld auf Ka 6	3425 Punkte

5. Wettbewerb vom 20. Mai bis 3. Juni 1961 in Braunschweig-Waggum

Offene Klasse:

1. Rolf Spänig – Limburgerhof auf Zugvogel	2673,1 Punkte
2. Ernst-Günter Haase – München auf Phönix	2389,3 Punkte
3. Rudolf Lindner – Landshut auf Phönix	2770,7 Punkte
4. Wilhelm Auer – Augsburg auf Zugvogel	2184,9 Punkte
5. Björn Stender – Braunschweig auf SB 6	2180,7 Punkte

Standard-Klasse:

1. Heinz Huth – Hamburg auf Ka 6 BR	2614,0 Punkte
2. Ernst-Gernot Peter – Freiburg auf Ka 6 CR	2483,0 Punkte
3. August Beisser – Augsburg auf Ka 6 CR	2330,2 Punkte
4. Friedr. Wilh. Weinholtz – Herford auf Ka 6 BR	2324,4 Punkte
5. Günther Brodersen – Hamburg auf Ka 6 BR	2316,1 Punkte

6. Wettbewerb vom 26. Mai bis 9. Juni 1962 in Freiburg i. Brsg.

Offene Klasse:

1. Rudolf Lindner – Landshut auf Phönix	4685,9 Punkte
2. Rolf Kuntz – Braunschweig auf HKS 3	4635,8 Punkte
3. Rolf Spänig – Speyer auf Zugvogel III	4569,6 Punkte
4. Rudolf Gailing – Stuttgart auf Phönix	4510,1 Punkte
5. Emil Bucher – Göppingen auf Phönix	4297,3 Punkte

Standard-Klasse:

1. Heinz Huth – Hamburg auf Ka 6 CR	4148,7 Punkte
2. Hans-Werner Grosse – Lübeck auf Ka 6 CR	3729,9 Punkte
3. Dr. Wolfgang Bulang – Bonn auf Ka 6 CR	3698,1 Punkte
4. Hans Pietsch – Göttingen auf Ka6	3695,7 Punkte
5. Otto Schäuble – Köngen/Württ. auf Ka 6 CR	3609,5 Punkte

7. Wettbewerb vom 17. bis 30. Mai 1964 in Rotlı bei Nürnberg

Offene Klasse:

1. Gerhard Waibel – Darmstadt auf D 36 V 1	5853,3 Punkte
2. Rolf Spänig – Speyer auf Zugvogel III	5561,7 Punkte
3. Rolf Kuntz – Braunschweig auf HKS 3	5385,4 Punkte
4. Erich Hezel – Dettingen auf Zugvogel IVB	5006,0 Punkte
5. Rudolf Gailing – Stuttgart auf Phönix 1	4977,3 Punkte

Standard-Klasse:

1. Heinz Huth – Hamburg auf Ka 6 CR F	5049,8 Punkte
2. Jakob Laur – Laichingen auf Ka 6	4819,9 Punkte
3. Rudolf Lindner – Kirchheim auf Phoebus	4650,5 Punkte
4. Karl Fischer – Dettingen auf Ka 6 P	4477,6 Punkte
5. Horst Schlüter – Börgdorf auf Ka 6 CR	4463,4 Punkte

Berühmte Segelflieger aus aller Welt
(jeweils von links nach rechts)

Philip Wills, England, Weltmeister 1952
Dr. Paul B. McCready, USA, Weltmeister 1956
Iltchenko, UdSSR, mehrfacher Weltrekordflieger
Dr. Joachim Küttner, führender Wissenschaftler und mehrfacher Rekordflieger

Rolf Kuntz, Vizeweltmeister 1965
Rudolf Lindner, Deutscher Meister 1962, 1966
Dr. Rolf Spänig, Deutscher Meister 1961, 1966
Dr. Wolfgang Groß, Deutscher Meister 1968

„Pirat“ Gehriger, Schweiz,
Vorsitzender der Segelflugkommission der FAI
Dr. Hans Nietlispach, Schweiz,
vielfacher Schweizer Meister und Rekordhalter
Nicholas Goodhart, England, Weltmeister 1956
Francois Henry, Frankreich, Weltmeister 1965

Adam Witek, Polen, Weltmeister 1958
Jan Wroblewski, Polen, Weltmeister 1965
Harro Wödl, Österreich, Weltmeister 1968
George Moffat, USA, Weltmeister 1970

Die D 30 der Akaflieg Darmstadt war die großartigste Konstruktion der Epoche von 1920 bis 1940.

Cirrus von Klaus Holighaus, eines der modernsten Flugzeugmuster aus der Zeit der Kunststoff-Konstruktionen. Klaus Holighaus wurde damit Deutscher Meister 1971.

8. Wettbewerb vom 29. Mai bis 12. Juni 1966 in Roth bei Nürnberg

Offene Klasse:

1. Rolf Spänig – Speyer auf BS 1	7663,6 Punkte
2. Rolf Kuntz – Braunschweig auf SHK	7349,1 Punkte
3. Gerhard Waibel – Darmstadt auf D 36	7337,9 Punkte
4. Rudolf Gailing – Stuttgart auf SHK	7176,3 Punkte
5. Edgar Kremer – Gackenhof auf AS 12	7166,6 Punkte

Standardklasse:

1. Rudolf Lindner – Kirchheim auf Phoebus	7033,1 Punkte
2. Heinz Huth – Hamburg auf Ka 6 E	7012,1 Punkte
3. Karl Fischer – Dettingen auf Ka 6 E	6881,8 Punkte
4. Hans-Werner Grosse – Lübeck auf Ka 6	6861,1 Punkte
5. Edgar Kremer – Gackenhof auf ASW 12	7166,6 Punkte

9. Wettbewerb vom 25. Mai bis 8. Juni 1968 in Oerlinghausen

Offene Klasse:

1. Dr. Wolfgang Gross – Köln auf BS 1	4202,03795 Punkte
2. Emil Bucher – Eislingen auf BS 1	4177,40619 Punkte
3. Helmut Broch – Solingen auf Libelle H 301	4005,30285 Punkte
4. Klaus Holighaus – Kirchheim auf Cirrus B	3832,81272 Punkte
5. Wolfgang Beduhn – Braunschweig auf SB 8 V 1	3761,67309 Punkte

Standardklasse:

1. Helmut Reichmann – Saarbrücken auf LS 1	4077,52379 Punkte
2. Walter Schneider – Egelsbach auf LS 1	3974,72194 Punkte
3. Walter Neubert – Bissingen auf Libelle H 201	3919,45488 Punkte
4. Wilhelm Kriechbaum – München auf Phoebus A 1	3880,93978 Punkte
5. Erich Hezel – Dettingen auf Phoebus A 1	3751,48236 Punkte

10. Wettbewerb vom 25. Mai bis 7. Juni 1969 in Roth bei Nürnberg

1. Ernst-Gernot Peter – Freiburg i. Brsg. auf S 1	2525,38 Punkte
2. Otto Schäuble – Köngen/Württ. auf Cirrus	2507,58 Punkte
3. Dieter Memmert – Ottobrunn auf LS 1	2503,07 Punkte
4. Helmut Reichmann – Saarbrücken auf FS 25	2464,29 Punkte
5. Gerhard Waibel – Poppenhausen auf ASW 15	2453,22 Punkte

Offene Klasse:

1. Walter Neubert – Bissingen auf Kestrel	2568,78 Punkte
2. Klaus Holighaus – Kirchheim auf Nimbus	2514,87 Punkte
3. Hans-Werner Grosse – Lübeck auf ASW 12	2503,57 Punkte
4. Sepp Armbrust – Wendlingen auf Cirrus	2163,53 Punkte
5. Helmut Treiber – Braunschweig auf SB 9	2126,04 Punkte

11. Wettbewerb vom 15. bis 29. Mai 1971 in Bückeburg-Weinberg

Offene Klasse:

1. Klaus Holighaus – Kirchheim auf Nimbus II	3842,84 Punkte
2. Heinz-Adolf Schreiber – Hannover auf SB 8	3792,08 Punkte
3. Dr. Rolf Spänig – Speyer auf Kestrel	3621,28 Punkte
4. Hans-Werner Grosse – Lübeck auf ASW 12	3620,85 Punkte
5. Walter Neubert – Bissingen auf Kestrel	3608,14 Punkte

Standardklasse:

1.	Helmut Reichmann – Esslingen auf LS 1	3060,91 Punkte
2.	Klaus Ahrens – Aachen auf LS 1	2935,70 Punkte
3.	Rudolf Lindner – Walpertshofen auf Phoebus B	2888,03 Punkte
4.	Hans Glöckl – Ottobrunn auf LS 1 C	2871,21 Punkte
5.	Otto Schäuble – Köngen/Württ. auf St. Cirrus	2814,01 Punkte

Die Internationalen Segelflugwettbewerbe der FAI

I. Internationaler Wettbewerb 1937 auf der Wasserkuppe (Deutschland)
31 Teilnehmer aus sieben Nationen

1.	Heini Dittmar (Deutschland) auf Sao Paulo	1662,5 Punkte
2.	Ludwig Hofmann (Deutschland) auf Moazagotl	1427,0 Punkte
3.	Wolfgang Späte (Deutschland) auf Minimoa	1325,0 Punkte
4.	H. Sandmeier (Schweiz) auf Moswey	1127,0 Punkte
5.	Kurt Schmidt (Deutschland) auf Mü 13	1116,0 Punkte

II. Internationaler Wettbewerb 1948 in Samedan (Schweiz)
28 Teilnehmer aus acht Nationen

1.	Per-Axel Persson (Schweden) auf Weihe	27 086 Punkte
2.	Max Schachenmann (Schweiz) auf Air 100	25 970 Punkte
3.	Alwin Kuhn (Schweiz) auf Moswey III	25 970 Punkte
4.	Arne Magnusson (Schweden) auf Weihe	22 319 Punkte
5.	Miguel Ara (Spanien) auf Weihe	22 169 Punkte

III. Weltmeisterschaft 1950 in Oerebro (Schweden)
29 Teilnehmer aus elf Nationen

1.	Billy Nilsson (Schweden) auf Weihe	866,75 Punkte
2.	Dr. Paul McCready (USA) auf Weihe	844,98 Punkte
3.	Maks Borisek (Jugoslawien) auf Orao II	778,48 Punkte
4.	Maks Arbajter (Jugoslawien) auf Weihe	750,14 Punkte
5.	Arne Magnusson (Schweden) auf Weihe	740,60 Punkte

IV. Weltmeisterschaft 1952 in Madrid-Cuatro Vientos (Spanien)
39 Teilnehmer aus 17 Nationen in der Einsitzerklasse

1.	Philip Wills (England) auf Sky	4333 Punkte
2.	Gérard Pierre (Frankreich) auf Castel-Mauboussin	4048 Punkte
3.	Robert C. Forbes (England) auf Sky	4043 Punkte
4.	José Coadrado (Argentinien) auf Sky	3853 Punkte
5.	Adolf „Pirat“ Gehriger (Schweiz) auf Weihe	3752 Punkte

17 Teilnehmer aus zehn Nationen in der Doppelsitzerklasse

1.	Luis Vicente Juez (Spanien) auf Kranich II	4164 Punkte
2.	Dr. Ernst Frowein (Deutschland) auf Kranich III	3612 Punkte
3.	Hanna Reitsch (Deutschland) auf Kranich III	3426 Punkte
4.	Mantelli (Italien) auf Canguro	3214 Punkte
5.	Laurila Kahva (Finnland) auf Kranich II	3146 Punkte

V. Weltmeisterschaft 1954 in Camphill (England)
34 Teilnehmer aus 19 Nationen in der Einsitzerklasse

1. Gérard Pierre (Frankreich) auf Bréguet-901	2956 Punkte
2. Philip Wills (England) auf Sky	2855 Punkte
3. August Wiethüchter (Deutschland) auf Weihe 50	2817 Punkte
4. Dr. Paul McCready (USA) auf Schweizer 1-23-E	2664 Punkte
5. Seppo Relander (Finnland) auf Weihe	2254 Punkte

Neun Teilnehmer aus neun Nationen in der Doppelsitzerklasse

1. Rain/Komac (Jugoslawien) auf Kosava	3056 Punkte
2. Mantelli/Braghini (Italien) auf Canguro	1558 Punkte
3. Smith/Kidder (USA) auf Schweizer 2-25	1480 Punkte
4. Nietlispach/Müller (Schweiz) auf Spyr V a	1292 Punkte
5. Hesse/Neumann (Österreich) auf Musger MG-19	1271 Punkte

VI. Weltmeisterschaft 1956 in St. Yan (Frankreich)
45 Teilnehmer aus 26 Nationen in der Einsitzerklasse

1. Dr. Paul B. McCready (USA) auf Bréguet-901	4891 Punkte
2. Luis Vicente Juez (Spanien) auf Sky	3806 Punkte
3. Gorzelak (Polen) auf Jaskolka	3576 Punkte
4. Aleksander Saradic (Jugoslawien) auf Meteor	3435 Punkte
5. William Ivans (USA) auf Olympia IV	3289 Punkte
9. Hanna Reitsch (Deutschland) auf Zugvogel	3042 Punkte

13 Teilnehmer aus 13 Nationen in der Doppelsitzerklasse

1. Goodhart/Foster (England) auf Slingsby	3828 Punkte
2. Rain/Stepanovic (Jugoslawien) auf Kosava	3187 Punkte
3. Sadoux/Bazet (Argentinien) auf Condor IV	2748 Punkte
4. Trager/Miller (USA) auf Schweizer 2-25	2684 Punkte
5. Rousselet/Trabert (Frankreich) auf Bréguet-904	2602 Punkte

VII. Weltmeisterschaft 1958 in Leszno (Polen)
37 Teilnehmer aus 18 Nationen in der Offenen Klasse

1. Ernst-Günter Haase (Deutschland) auf HKS 3	5651 Punkte
2. Nicholas Goodhart (England) auf Skylark 3	5172 Punkte
3. Rudolf Mestan (Tschechoslowakei) auf Demant	5124 Punkte
4. Bozidar Komac (Jugoslawien) auf Meteor	5118 Punkte
5. Edward Makula (Polen) auf Jaskolka	5066 Punkte
8. Jakob Laur (Deutschland) auf Zugvogel	4916 Punkte

24 Teilnehmer aus 15 Nationen in der Standardklasse

1. Adam Witek (Polen) auf Mucha-Standard	5231 Punkte
2. Per-Axel Persson (Schweden) auf Zugvogel IV	5086 Punkte
3. Heinz Huth (Deutschland) auf Ka 6	5021 Punkte
4. Juhani Horma (Finnland) auf Pik-III-C	4844 Punkte
5. Harald Tandefelt (Finnland) auf Ka 6	4673 Punkte

VIII. Weltmeisterschaft 1960 in Köln-Butzweilerhof (Deutschland)
20 Teilnehmer aus 15 Nationen in der Offenen Klasse

1. Rudolfo Hossinger (Argentinien) auf Skylark	5102 Punkte
2. Edward Makula (Polen) auf Zefir	5079 Punkte
3. Jerzy Popiel (Polen) auf Zefir	5020 Punkte
4. Nicholas Goodhart (England) auf Olympia 415	4856 Punkte
5. Sven Jonsson (Schweden) auf Zugvogel IV	4443 Punkte

35 Teilnehmer aus 22 Nationen in der Standardklasse

1. Heinz Huth (Deutschland) auf Ka 6	5619 Punkte
2. Georges Münch (Brasilien) auf Ka 6	5237 Punkte
3. Adam Witek (Polen) auf Foka	5201 Punkte
4. Niels Skott Sejstrup (Dänemark) auf Ka 6	5001 Punkte
5. Luis Vicente Juez (Spanien) auf Ka 6	4843 Punkte

IX. Weltmeisterschaft 1963 in Junin (Argentinien)
25 Teilnehmer aus 18 Nationen in der Offenen Klasse

1. Edward Makula (Polen) auf Zefir	6107 Punkte
2. Jerzy Popiel (Polen) auf Zefir	5638 Punkte
3. Richard E. Schreder (USA) auf HP 11	5370 Punkte
4. Richard Johnson (USA) auf Sisu 1	5257 Punkte
5. Rudolfo Hossinger (Argentinien) auf Zefir	5126 Punkte

38 Teilnehmer aus 23 Nationen in der Standardklasse

1. Heinz Huth (Deutschland) auf Ka 6	6221 Punkte
2. Jacki Lacheny (Frankreich) auf Edelweiß	5356 Punkte
3. Juhani Horma (Finnland) auf Vasama	5291 Punkte
4. Leonardo Brigliadori (Italien) auf Uribel	5199 Punkte
5. Harro Wödl (Österreich) auf Standard Austria	4992 Punkte

X. Weltmeisterschaft 1965 in South Cerney (Großbritannien)
41 Teilnehmer aus 27 Nationen in der Offenen Klasse:

1. Jan Wroblewski (Polen) auf Foka 4	5269 Punkte
2. Rolf Spänig (Deutschland) auf D 36	5164 Punkte
3. Rolf Kuntz (Deutschland) auf SHK 1	4990 Punkte
4. Edward Makula (Polen) auf Foka 4	4971 Punkte
5. Ciril Kriznar (Jugoslawien) auf Meteor	4937 Punkte

45 Teilnehmer aus 25 Nationen in der Standardklasse:

1. Francois Henry (Frankreich) auf Edelweiß	4945 Punkte
2. Markus Ritzi (Schweiz) auf St. Elfe	4798 Punkte
3. Franciscek Kepka (Polen) auf Foka 4	4627 Punkte
4. Jerzy Popiel (Polen) auf Foka 4	4578 Punkte
5. George Burton (Großbritannien) auf Dart 15	4517 Punkte

XI. Weltmeisterschaft 1968 in Leszno (Polen)
48 Teilnehmer aus 27 Nationen in der Offenen Klasse

1. Harro Wödl (Österreich) auf Cirrus	5730 Punkte
2. Göran Ax (Schweden) auf Phoebus C	5699 Punkte
3. Ruedi Seiler (Schweiz) auf Diamant	5673 Punkte
4. Alf Schubert (Österreich) auf Diamant	5525 Punkte
5. Heinz Huth (Deutschland) auf ASW 12	5374 Punkte

57 Teilnehmer aus 24 Nationen in der Standardklasse

1. Andrew Smith (USA) auf Elfe S 3	5595 Punkte
2. Per-Axel Persson (Schweden) auf Libelle	5545 Punkte
3. Rudolf Lindner (Deutschland) auf Phoebus	5444 Punkte
4. George Moffat jr. (USA) auf Elfe S 3	5437 Punkte
5. Henry Stouffs (Belgien) auf Libelle	5382 Punkte

XII. Weltmeisterschaft 1970 in Marfa (Vereinigte Staaten von Amerika)
41 Teilnehmer aus 25 Nationen in der Offenen Klasse

1. George Moffat – USA auf Nimbus	8323 Punkte
2. Hans-Werner Grosse – Deutschland auf ASW 12	8036 Punkte
3. Michael Mercier – Frankreich auf ASW 12	7811 Punkte
4. George Burton – England auf Kestrel	7746 Punkte
5. Edward Makula – Polen auf Kobra 17	7687 Punkte
6. Walter Neubert – Deutschland auf Kestrel	7682 Punkte

44 Teilnehmer aus 24 Nationen in der Standardklasse

1. Helmut Reichmann – Deutschland auf LS-1	8663 Punkte
2. Jan Wroblewski – Polen auf Kobra 15	8228 Punkte
3. Franciszek Kepka – Polen auf Kobra 15	8084 Punkte
4. Wolfram Mix – Kanada auf St. Cirrus	7934 Punkte
5. Allan Cameron – Neuseeland auf St. Libelle	7912 Punkte
6. Gerhard Waibel – Deutschland auf ASW 15	7815 Punkte

Deutsche Segelflugrekorde

Stand: Januar 1972

Strecke in gerader Linie:	Leistung
Männer	
Einsitzer	
Hans-Werner Grosse auf ASW 12	1 032,20 km
Lübeck–Angers am 4. Juni 1970	
Doppelsitzer	
Walter Schewe / Siegfried Baumgartel auf Ka 7	528,70 km
Dinslaken–Bernag am 12. April 1968	
Frauen	
Einsitzer	
Elke Loos auf Ka 6	527,00 km
Langenselbold–Bretigny am 12. Juni 1969	
Doppelsitzer	
Helga Behnert / Karin Lindenlaub auf Ka 7	212,50 km
Rinteln–Deventer/Teuge am 1. Juni 1968	
Zielstrecke:	
Männer	
Einsitzer	
Internationaler Rekord	
Hans-Werner Grosse auf ASW 12	1 032,20 km
Lübeck–Angers am 4. Juni 1970	
Doppelsitzer	
Walter Schewe / Siegfried Baumgartel auf Ka 7	528,70 km
Dinslaken–Bernag am 12. April 1968	
Frauen	
Einsitzer	
Marianne Deutschmann	305,00 km
Thieonville–Montorgis–Vinor am 18. Mai 1970	
Doppelsitzer	
Helga Behnert / Karin Lindenlaub auf Ka 7	212,50 km
Rinteln–Deventer am 1. Juni 1968	

Zielstrecke mit Rückkehr zum Startort:
Männer
Einsitzer
A. J. v. Kalckreuth 780,00 km
Aigen–Vals–Aigen am 10. Juli 1971
Doppelsitzer
Klaus Keim / R. Bachmann auf Kranich III 620,66 km
Tempe–Deelfontain–Tempe/Südafrika am 28. Dezember 1967

Zielstrecke mit Rückkehr zum Startort:
Frauen
Einsitzer
Hanna Reitsch auf Cirrus 518,90 km
Aigen–Imst–Aigen am 16. Juni 1970
Doppelsitzer: –

Absolute Höhe: Leistung
Männer
Einsitzer
Dr. Joachim Kuettner auf Schweizer 2-25 13 015 m
Bishop/Californien am 14. April 1955
Doppelsitzer
Otto Winter / Guido Achleitner auf Bergfalke 8 360 m
Zell am See/Österreich am 15. Januar 1970

Frauen
Einsitzer
Ingrid Jonas auf Ka 6 7 615 m
Hohenems/Österreich am 23. April 1971
Doppelsitzer: –

Höhengewinn: Leistung
Männer
Einsitzer
Günter Cichon auf Ka 6 10 075 m
Bad Reichenhall am 2. August 1967
Doppelsitzer
Dieter Schmitt/Karl Pummer auf Ka 2 b 6 907 m
Fayence-Var am 24. Januar 1969

Frauen
Einsitzer
Ingrid Jonas auf Ka 6 6 170 m
Hohenems/Österreich am 23. April 1971
Doppelsitzer: –
Geschwindigkeit über 100 km Dreieckstrecke: Leistung

Männer
Einsitzer
Internationaler Rekord
Walter Neubert auf Kestrel 155,05 km/h
Marfa/Texas (USA) am 5. Juli 1970
Doppelsitzer
Klaus Keim/U. Schall auf Kranich III 100,40 km/h
Windsock–Kafferrevier–Bridge–De Brug–Windsock am 10. Januar 1968
Geschwindigkeit über 100 km Dreieckstrecke: Leistung

Frauen
Einsitzer
Charlotte Bodenschatz 56,77 km/h
Augsburg–Schrobenhausen–Donauwörth–Augsburg am 5. August 1969
Doppelsitzer
Charlotte Bodenschatz/Karin Frenz am 10. Juli 1971 43,50 km/h
Geschwindigkeit über 300 km Dreieckstrecke Leistung
Männer
Einsitzer
Alfred Röhm auf BS 1 am 4. Juni 1967 138,30 km/h
Doppelsitzer
Ingo Renner/Hartmut Lodes auf Blanik 87,73 km/h
Benalla–Burunbuttock–Tocumwal–Benalla am 6. Januar 1971
Frauen
Einsitzer
Bärbel Türke auf Phöbus 61,68 km/h
Braunschweig–Nienburg–Thieshope–Braunschweig am 20. Juni 1970
Geschwindigkeit über 500 km Dreieckstrecke: Leistung
Männer
Einsitzer
Helmut Reichmann auf Kestrel 118,39 km/h
Benalla–Conargo–Hangsug–Benalla am 5. Januar 1971
Doppelsitzer
Helmut Sorg/Heinz Sorg auf Ka 6 83,74 km/h
Kimberley–Brandfort–Thillipolis–Kimberley am 7. Januar 1964

Motorsegler-Rekorde

Strecke in gerader Linie: Leistung
Männer
Einsitzer
Willibald Collée auf SF 27 M 539,00 km
Dietz–Le Rabot am 20. März 1971
Zielflug: Leistung
Männer
Einsitzer
Ernst Klüh auf ASK 14 528,80 km
Fulda–Pont sur Yonne am 3. Juni 1970
Zielflug mit Rückkehr zum Startort:
Einsitzer
Bennet M. Rogers auf ASK 14 329,00 km
Rosamond—Darwin—Rosamond am 12. September 1971

Segelflug-Weltrekorde

Stand: Januar 1972

Streckenflug: Leistung
Männer
Einsitzer
USA: Wallace A. Scott auf ASW 12 1 152,821 km
Odessa/Texas–Columbus/Nebraska am 26. Juli 1970
USA: Benjamin W. Greene auf ASW 12 1 152,821 km
Odessa/Texas–Columbus/Nebraska am 26. Juli 1970
Doppelsitzer
UdSSR: J. Kuznetsor/J. Barkhamor auf Blanik am 3. Juni 1967 921,954 km

Frauen

Einsitzer

UdSSR: Olga Klepikova auf Rot Front 7 am 6. Juli 1937 749,203 km
am 6. Juli 1939

Doppelsitzer

UdSSR: Parlowa/Filomechkina auf Blanik am 3. Juni 1967 864,862 km
am 3. Juni 1967

Zielflug: Leistung

Männer

Einsitzer

Bundesrepublik Deutschland: Hans-Werner Grosse auf ASW 12 1 032,20 km
Lübeck–Angers am 4. Juni 1970

Doppelsitzer

UdSSR: P. Antonov/A. Oplachko auf Blanik 702,744 km
am 24. April 1964

Frauen

Einsitzer

UdSSR: T. Zaiganova auf A 15 731,595 km
am 29. Juli 1966

Doppelsitzer

UdSSR: Gorokhava/Koslova auf Blanik 864,862 km
am 3. Juni 1967

Zielflug mit Rückkehr zum Startort:

Männer

Einsitzer

USA: Karl Striedieck auf ASW 15 am 17. November 1971 916,30 km

Doppelsitzer

USA: S. Lincoln/C. Crowel auf Schweizer 232 651,128 km
am 23. Mai 1970

Leistung

Frauen

Einsitzer

Australien: Mrs. Susan Martin auf Libelle 656,040 km
am 6. Februar 1970

Doppelsitzer

Polen: Palagia Majewska/R. Sokolowska auf Bocian 467,200 km
am 14. Juli 1968

Absolute Höhe: Leistung

Männer

Einsitzer

USA: Paul Bickle auf Schweizer SGS-123-E 14 102 m
am 25. Februar 1961

Doppelsitzer

USA: L. E. Edgar/H. E. Klierforth auf Pratt-Read PRG 13 498 m
am 19. März 1952

Frauen

Einsitzer

USA: Betsy Woodward auf Pratt-Read 12 190,2 m
am 14. April 1955

Doppelsitzer

England: A. Burns/J. W. Oetsch auf Schweizer 232 9 519 m
am 5. Januar 1967

Höhengewinn:	Leistung
Männer	
Einsitzer	
USA: Paul Bickle auf Schweizer SGS-123-E	12 894 m
am 25. Februar 1961	
Doppelsitzer	
Polen: S. Josefczak/J. Tarczon auf Bocia	11 680 m
am 5. November 1966	
Frauen	
Einsitzer	
England	
England: A. Burns auf Skylark 3	9 119 m
am 13. Januar 1961	
Doppelsitzer	
Polen: Dankowska/Matelska auf Bocian	8 430 m
am 17. Oktober 1967	
Geschwindigkeit über 100 km Dreieckstrecke:	Leistung
Männer	
Einsitzer	
Bundesrepublik Deutschland: Walter Neubert auf Kestrel	155,057 km/h
am 5. Juni 1970	
Doppelsitzer	
USA: Joseph C. Lincoln/Chris L. Crowl auf Schweizer SGS2-32A	117,372 km/h
Blanca, Colorado am 24. Mai 1971	
Geschwindigkeit über 100 km Dreieckstrecke:	Leistung
Frauen	
Einsitzer	
Südafrika: Y. Leemann auf BJ „2"	110,19 km/h
am 4 .Januar 1966	
Doppelsitzer	
Südafrika: Humann/Leemann auf Blanik III	90,95 km/h
am 27. Dezember 1967	
Geschwindigkeit über 300 km Dreieckstrecke:	Leistung
Männer	
Einsitzer	
Bundesrepublik Deutschland: Alfred Röhm auf BSI	138,80 km/h
am 4. Juni 1967	
Doppelsitzer	
Südafrika: B. C. Stevens/Keartland auf Schweizer 2-32 Tempe	104,47 km/h
am 1. Januar 1970	
Frauen	
Einsitzer	
Südafrika: Y. Leemann auf BJ	106,18 km/h
am 14. Januar 1966	
Doppelsitzer	
UdSSR: O. Manafova/V. Lomova auf Ka I 19	74,314 km/h
am 12. Juni 1964	
Geschwindigkeit über 500 km Dreieckstrecke:	Leistung
Männer	
Einsitzer	
Südafrika: M. Jackson auf BJ 3	135,32 km/h
am 28. Dezember 1967	

Doppelsitzer
Bundesrepublik Deutschland: Helmut Sorg/Heinz Sorg auf Ka 7 83,74 km/h
am 7. Januar 1964

Frauen

Einsitzer
England: A. Burns auf Standard Austria 103,33 km/h
am 25. Dezember 1963

Doppelsitzer
UdSSR: T. Zaiganova/Lobanova auf Blanik 69,598 km/h
am 29. Mai 1968

Lilienthal-Medaille der Fédération Aéronautique Internationale (FAI).

Die höchste internationale Auszeichnung im Segelflugsport wird alljährlich einem Segelflieger der Welt für besondere Leistungen verliehen. Zuerst erhielt sie Tadeusz Gora (Polen) im Jahre 1938. Dann wurde die Lilienthal-Medaille erst wieder 1948 vergeben. Seitdem erfolgt die Verleihung laufend.

1938 Tadeusz Gora (Polen) für einen 557-km-Zielflug.
1948 Per-Axel Persson (Schweden) für seinen Höhenflug von 8050 m über Start.
1949 John Robinson (USA) für eine Höhe von 10 210 m über dem Meer.
1950 William Ivans (USA) für eine Höhe von 12 882 m über dem Meer bei einem Höhengewinn von 9174 m.
1951 Marcelle Choisnet-Gohard (Frankreich) für Dauerflug von 28 Stunden und 41 Minuten.
1952 Charles Atger (Frankreich) für den Dauerrekord von 56 Stunden und 15 Minuten.
1953 V. M. Iltchenko (UdSSR) für seinen Streckenrekord von 829,8 km im Doppelsitzer mit Petchnikow.
1954 Philip Wills (Großbritannien) für seine technischen und fliegerischen Gesamtleistungen.
1955 Dr. Joachim Küttner (Deutschland) für außerordentliche Segelflüge und wissenschaftliche Leistungen.
1956 Dr. Paul B. McCready (USA) für außerordentliche Leistungen im Segelflugwesen innerhalb von 20 Jahren.
1957 Luis Vicente Juez (Spanien) für mehrere außerordentliche Segelflugleistungen.
1958 Wolf Hirth (Deutschland) für seine Gesamtverdienste um den Segelflug.
1959 Richard E. Schreder (USA) für seine Geschwindigkeitsrekorde.
1960 Pelagia Majewska (Polen) für mehrere Weltrekorde.
1961 Adolf Gehriger (Schweiz) für jahrelange Verdienste um den internationalen Segelflug.
1962 Paul F. Bickle (USA) für mehrere Weltrekorde.
1963 Heinz Huth (Deutschland) für seine überragenden Leistungen als zweifacher Segelflugweltmeister.
1964 Alvin Parker (USA) für den ersten 1000-km-Flug in der Geschichte des Segelfluges.
1965 Edward Makula (Polen) für seine großen und wiederholten sportlichen Leistungen, u. a. Weltmeister 1963
1968 Alejo Williamsen (Chile) für die sensationelle Anden-Überquerung.
1970 Hans-Werner Grosse (Deutschland) für den ersten 1000-km-Flug eines europäischen Piloten, für 500- und 700-km-Dreiecksflüge, Vizeweltmeister 1970.